普通高等教育"互联网+"新形态教材

大学生体育文化与健康教程

主　编：孙娜娜　许　治　冯国梁
副主编：姬广博　李　迪　孙稚皓
　　　　管延茂　刘若男　韩睿智

电子工业出版社
Publishing House of Electronics Industry
北京·BEIJING

内容简介

本书以大学体育教学实践为依据，详细介绍了大学生应该了解的各种体育项目的基本知识、基本技能和基本战术；同时对大学生如何科学锻炼身体、常见运动损伤及处理、大学生心理健康等知识进行讲解；着重对大学生身体素质、大球运动项目、小球运动项目、形体运动项目及其他运动项目进行讲解。本书坚持理论联系实际，注重实用性和新颖性，立足趣味性和可读性，突出指导性和科学性，旨在不断提高大学生的体育参与意识、运动技能及体质健康水平，使广大学生养成良好的体育健身习惯和健康的生活行为习惯，达到终身受益的目的。

图书在版编目（CIP）数据

大学生体育文化与健康教程 / 孙娜娜，许治，冯国梁主编 . —北京：电子工业出版社，2022.8
ISBN 978-7-121-44218-6

Ⅰ．①大… Ⅱ．①孙… ②许… ③冯… Ⅲ．①体育文化—高等学校—教材 ②健康教育—高等学校—教材 Ⅳ．① G80-05 ② G647.9

中国版本图书馆 CIP 数据核字（2022）第 160361 号

责任编辑：孙 伟
印　　刷：天津嘉恒印务有限公司
装　　订：天津嘉恒印务有限公司
出版发行：电子工业出版社
　　　　　北京市海淀区万寿路 173 信箱　邮编 100036
开　　本：787×1092　1/16　印张：12　字数：307.2 千字
版　　次：2022 年 8 月第 1 版
印　　次：2024 年 7 月第 3 次印刷
定　　价：39.80 元

凡所购买电子工业出版社图书有缺损问题，请向购买书店调换。若书店售缺，请与本社发行部联系，联系及邮购电话：（010）88254888，88258888。

质量投诉请发邮件至 zlts@phei.com.cn，盗版侵权举报请发邮件至 dbqq@phei.com.cn。

本书咨询联系方式：（010）88254609 或 sunw@phei.com.cn。

本书编委会

主　编：孙娜娜　许　治　冯国梁

副主编：姬广博　李　迪　孙稚皓　管延茂　刘若男　韩睿智

编　委：（排名不分先后）

　　　　冯善芳　韩　娜　吕玉霞　李家威　马　安　司文召
　　　　王婕妤　信兆鑫　张好迪　张鑫蕊　张　琦

前　言

《国家中长期教育改革和发展规划纲要（2010—2020年）》指出："加强体育，牢固树立健康第一的思想，确保学生体育课程和课余活动时间，加强心理健康教育，促进学生身心健康、体魄强健、意志坚强。"

大学生体育与健康教育是高等教育中的重要内容之一，"大学体育"课程是国家规定的必修课程，是高等学校课程体系的重要组成部分，是高等学校体育与健康教育的中心工作。高质量的体育教材，是提高"大学体育"课程教学质量和实施大学生体育与健康教育工作的重要保障。

为全面贯彻教育部颁布的《全国普通高等学校体育课程教学指导纲要》精神及教育部、国家体育总局联合下发的《国家学生体质健康标准》，全力推动"亿万学生阳光体育运动"的开展，牢牢把握健康第一、终身体育的指导思想，结合我国高等学校"大学体育"课程教学改革与实践，我们组织了一批具有丰富体育教学经验的一线教师编写了这本教材。

本书以大学体育教学实践为依据，详细介绍了大学生应该了解的各种体育项目的基本知识、基本技能和基本战术；同时对大学生如何科学锻炼身体、常见运动损伤及处理、大学生心理健康等知识进行讲解。本书坚持理论联系实际，注重实用性和新颖性，立足趣味性和可读性，突出指导性和科学性，旨在不断提高大学生的体育参与意识、运动技能及体质健康水平，使广大学生养成良好的体育健身习惯和健康的生活行为习惯，达到终身受益的目的。

本书在编写过程中得到许多专家、学者和一线教育工作者的支持和帮助，在此一并表示感谢！由于理论水平和实践经验有限，书中难免存在不足之处，希望各位专家、学者，各位同人及使用本教材的广大师生多提宝贵意见。

编者
2022 年 5 月

目录CONTENTS

第一章
体育与健康概述

体育是人类社会一种特有的现象，它的历史源远流长。现在，体育已经成为人们锻炼身体、增强体质、娱乐身心的一种手段。

随着体育事业的发展，作为祖国未来的青少年更应该掌握体育健康知识，养成终身体育锻炼的好习惯。

第一节　什么是体育

一、"体育"的起源

（一）"体育"一词的出现

体育虽然有着悠久的历史，但是"体育"一词却出现得较晚，在"体育"一词出现前，世界各国对体育这一活动过程的称谓都不相同。

在古希腊，游戏、角力、体操等曾被列为教育项目。在 17 ～ 18 世纪，西方将打猎、游泳、爬山、赛跑、跳跃等多项活动加入教育中，只是尚无统一的名称。18 世纪末，被称为"德国体操之父"的约翰·克里斯托夫·弗里德里希·古兹姆斯曾把这些活动统称为"体操"。进入 19 世纪，一方面在德国形成了新的体操体系，并被广泛传播至欧美各国；另一方面相继出现了多种新的运动项目。在学校中也逐渐开展了超出原来体操范围的更多的运动项目，建立起"体育是以身体活动为手段的教育"这一新概念。于是，在相当长的一段时间里，"体操"和"体育"两个词并存，相互混用，比较混乱，直到 20 世纪初，才逐渐在世界范围内将二者统一为"体育"一词。

（二）"体育"一词传入中国

中国体育历史悠久，但"体育"却是一个外来词。它最早见于 20 世纪初的清末，当时，我国有大批留学生东渡去日本求学，仅 1901 ～ 1906 年，就有 1.3 万多人。回国后，他们将"体育"的概念引入中国。

在中国，"体育"一词最早见于 1904 年，在湖北幼稚园开办章程中提到对幼儿进行全面教育时说："保全身体之健旺，体育发达基地"。在 1905 年的《湖南蒙养院教课说略》上也提到："体育功夫，体操发达其表，乐歌发达其里"。

我国最早创办的体育团体是 1906 年在上海成立的"沪西士商体育会"。1907 年我国著名女革命家秋瑾在绍兴也创办了体育会。同年，清朝奏折中也开始有了"体育"这个词。辛亥革命以后，"体育"一词就逐渐被运用开来。

（三）"体育"一词的演化

"体育"一词在含义上也有一个演化过程。它刚被传入我国时，是指身体的教育，是作为教育的一部分出现的，是一种与维持和发展身体的各种活动相关联的一种教育过程，与国际上理解的"体育"（Physical Education）概念是一致的。随着社会的进步和体育事业的不断发展，其目的和内容都大大超出了原来"体育"的范畴，体育的概念也出现了"广义"与"狭义"之分。广义的体育，一般是指体育运动，其中包括了体育教育、竞技运动和身体锻炼三个方面；狭义的体育，一般是指体育教育。不少学者对"体育"的概念提出了一些解释，但比较趋于一致的解释为："体育是以身体活动为媒介，以谋求个体身心健康、全面发展为直接目的，并以培养完善的社会公民为终极目标的一种社会文化现象或教育过程"。"体育"的这一定义既说明了它的本质属性，又指出了它的归属范畴，同时也把其自身从与邻近或相似的社会现象中区别出来。但是，体育的概念并非是一成不变的，随着社会的发展和进步，对体育的认识也将有所发展。

二、体育的种类

依据各种体育实践的基本功能和特征、人们对体育基本类型的认同及体育工作的实际情况等综合因素，可以将体育划分为学校体育、竞技体育、社会体育和体育产业4种基本类型。

（一）学校体育

学校体育是指以在校学生为参与主体的体育活动，通过培养学生对体育兴趣、态度、习惯、知识和能力来增强学生的身体素质，培养学生的道德和意志品质，促进学生的身心健康。学校体育是教育的重要组成部分，是计划性、目的性、组织性较强的体育教育活动过程。

（二）竞技体育

竞技体育是指在全面发展身体，最大限度地挖掘和发挥人（个人或群体）在体力、心理、智力等方面的潜力的基础上，以攀登运动技术高峰和创造优异运动成绩为主要目的的一种运动活动过程。竞技体育是一种制度化、体系化的竞争性体育活动，具有正式的历史记载和传说，以打败竞争对手来获取有形或无形的价值利益为目标，在正式组织起来的体育群体的成员或代表之间进行，强调通过竞赛来显示体力和智力，在对参加者的职责和位置做出明确界定的正式规则所设立的限度之内进行。

（三）社会体育

社会体育又称群众体育或大众体育，是指普通民众自愿参加的，以强身、健体、娱乐、休闲、社交等为目的，一般不追求达到高水平的运动成绩，内容广泛、形式多样的体育活动。

（四）体育产业

体育产业是指为社会提供体育产品的同一类经济活动的集合及同类经济部门的综合。体育产业作为国民经济的一个组成部分，具有与其他产业相同的共性，即注重市场效益、讲求经济效益。同时又具有不同于其他产业的特性，其产品的重要功能还在于提高居民身体素质、发展社会生产、振奋民族精神、实现个人的全面发展和社会文明的全面进步。

三、体育的功能

从性质上看，体育是社会文化的组成部分。体育是一个有机的整体，一个多功能、多目标的系统。体育的功能主要包括：健身功能、文化功能、娱乐功能、教育功能、政治功能和经济功能。

（一）健身功能

所谓"健身"，就是强健体魄、增强体质。在进行体育活动时，通过身体运动的多次重复过程，可以对各器官系统起到一定强度和量的刺激，使身体在形态结构、生理机能等方面发生一系列的适应反应，达到促进身体健康和增强体质的目的。

适当的体育活动，可以促进大脑兴奋，提高大脑分析、综合能力；可以促进机体的生长发育，使骨骼变粗、骨密质增厚；可以增加肌肉的能量储备，提高体力；可以促进人体内脏器官功能的提高，增强人体免疫力，提高对疾病的抵抗能力。体育锻炼还可以增强人的意志，催人奋进，培养集体观念，协调人际关系，从而促进心理调解能力的提高，有利于排解各种不利于健康的心理因素，使人感到欢快和轻松。

（二）文化功能

体育文化是现代文明的标志之一，能从媒体传播、体育服饰、体育竞技、民间体育、体育表演、体育设施等方面反映出一个国家的文明程度。体育还是一种高雅的文化生活，它与音乐、舞蹈、艺术、文学有着不解之缘，是人类文明与智慧的结晶。

（三）娱乐功能

体育本身具有游戏性、艺术性、惊险性、默契性等特征。人们结合自己的兴趣，参加一些个人喜爱和擅长的体育运动项目，可以起到调节心理、松弛神经、丰富文化生活和愉悦身心的作用。在参加各种体育活动的过程中，可以提高自信心和自豪感，提升与同伴的默契，增进相互之间的理解。胜利后的狂喜，也会给人带来巨大的心理喜悦。在欣赏体育运动时，运动员所表现出的高超技艺，使人赏心悦目、心旷神怡，赛场上跌宕起伏的戏剧性、稍纵即逝的机遇性，激烈的对抗性，胜败的悬念性，音乐、色彩及力与美的协调性，均会给人们带来精神上的巨大愉悦，使人们在和谐的氛围中获得精神快感，情绪得到释放，情感得到净化，调节由于工作和劳动带来的紧张情绪和疲劳感。

（四）教育功能

在国际体育比赛中，每当有中国运动员获得冠军，赛场上空响起中国国歌、升起中国国旗时，都会激发起全民族的爱国热情。

通过体育活动，不仅能有效地培养人的体育素质，发展人的个性，培养竞争意识，而且有助于使人们树立"终生体育"的思想。

（五）政治功能

体育作为人类的一项文化活动，不是一种孤立的社会现象，而总是同社会的政治、经济、文化既相互联系又相互影响的。竞技体育，特别是奥林匹克体育运动，更是从一开始就同政治结缘。

作为国力强弱的标志之一，竞技比赛的成绩直接影响国家的声望。竞技比赛，特别是奥运会等大型国际竞赛，对世界各地影响的广度和速度，都是其他任何活动无法比拟的。作为强大的精神动力之一，重大竞技比赛的胜利可满足民族自尊心，增强自豪感，激发起巨大的爱国热情。在 2008 年北京奥运会上，中国健儿一鼓作气，勇夺 51 枚金牌，实现了历史性的突破，国人沸腾，海外华侨欢呼雀跃，海内外掀起了巨大的爱国浪潮。作为社会感情的调节手段之一，体育可以欢娱身心、稳定情绪，从而有助于社会的安定与团结；作为增进友谊的桥梁之一，体育能够促进各国人民之间相互了解，特定情况下还可以提供灵活的外交场合和机遇。国际比赛中，作为人民使者的各国运动员，通过场上交流和场下的广泛接触，可展示各国人民的风采，增进与他国选手间的友谊。与此同时，各国的官员也可以以此为契机进行必要的接触，可能取得意想不到的重大的外交突破。

（六）经济功能

大大小小的赛事，尤其是奥运会，会给各个举办国带来巨大的商机。

社会体育消费品、体育用品、练习器材、场地设施等的极大发展，创造了更多的经济价值。体育产业有力地推动了中国经济在新世纪的持续增长，促进了我国改革开放和经济事业的发展。

第二节　什么是健康

一、健康的概念

健康的含义是多元的、广泛的，包括生理、心理和社会适应性 3 个方面。其中，社会适应性归根结底取决于生理和心理的素质状况。心理健康是身体健康的精神支柱，身体健康又是心理健康的物质基础。良好的情绪状态可以使生理功能处于最佳状态，反之则会破坏某种生理功能而引发疾病。身体状况的改变可能带来相应的心理问题，生理上的缺陷、疾病，特别是痼疾，往往会使人产生烦恼、焦躁、忧虑、抑郁等不良情绪，导致各种不正常的心理状态。作为身心统一体的人，身体和心理是紧密依存的两个方面。

（一）生理健康

生理健康就是人体生理上的健康状态。过去将生理健康定义为："能够精力旺盛地、敏捷地、不感觉过分疲劳地从事日常活动，保持乐观、蓬勃向上及具有一定应激能力"。但目前，部分学者认为应当将健康与健康行为两个概念区别开来。健康行为要求生理健康达到一定水平，并且与敏捷性、速度、肌肉的耐受性和收缩力有关，能够使机体更好地从事职业与娱乐方面的生理活动。

（二）心理健康

心理健康的基本含义是指心理的各个方面及活动过程处于一种良好或正常的状态。心理健康的理想状态是保持性格完美、智力正常、认知正确、情感适当、意志合理、态度积极、行为恰当、适应良好的状态。

个体能够适应发展着的环境，具有完善的个性特征，且其认知、情绪反应、意志行为处于积极状态，并能保持正常的调控能力。在生活实践中，能够正确认识自我，自觉控制自己，正确对待外界影响，从而使心理保持平衡协调，就已具备了心理健康的基本特征。

（三）社会适应性

社会适应一词最早由赫伯特·斯宾塞提出，指个体逐渐地接受现有社会的道德规范与行为准则，对于环境中的社会刺激能够在规范允许的范围内做出反应的过程。社会适应对个体有着重要意义。如果一个人不能适应社会，就会产生一些与社会格格不入的心理状态，久而久之，容易引起心理问题。

二、健康的标准

（一）世界卫生组织提出的健康标准

（1）食得快。进食时有良好的胃口，能快速吃完一餐饭而不挑剔食物。

（2）便得快。一旦有便意时，能很快排泄大小便，且感觉轻松自如，在精神上有一种良好的感觉。

（3）睡得快。上床能很快熟睡，且睡得深，醒后精神饱满，头脑清醒。

（4）说得快。语言表达正确，说话流利，表示头脑清楚，思维敏捷。

（5）走得快。行动自如、转变敏捷，证明精力充沛旺盛。

（6）良好的个性。性格温和，意志坚强，感情丰富，具有坦荡胸怀与达观心境。

（7）良好的处世能力。看问题客观现实，具有自我控制能力，能适应复杂的社会环境，对事物的变迁能始终保持良好的情绪。

（8）良好的人际关系。待人接物大度和善，不过分计较，助人为乐，与人为善。

（9）适量运动。运动能改变血液中的化学成分，有利于防止动脉血管硬化，保护血液、维护心血管系统的健康。要经常参加以耐力训练为主的运动项目，如跑步、登山等。

（二）《国家学生体质健康标准（2014 年修订）》项目及评价指标

教育部于 2014 年颁布最新修订的《国家学生体质健康标准（2014 年修订）》（以下称新《标准》）中指出，学生体测成绩达到或超过良好，才有资格参与评优和评奖。

新《标准》发布前，学生体质健康测试按学段分组，每组除身高、体重、肺活量为必测项目，还有部分选测项目。新《标准》颁布后，取消了选测项目，分组方式也发生变化，小学、初中、高中每个年级为一组；大学一、二年级为一组，大学三、四年级为一组。各组中，身高、体重、肺活量、50 米跑、坐位体前屈为必测项目。在大学生和中学生中，男生必须测 1000 米跑和引体向上，女生必须测 800 米跑和 1 分钟仰卧起坐。另外，各个测试项目均设置具体评定标准。例如，50 米短跑，对于大学一、二年级学生，男生完成时间超过 9.1 秒则成绩为不及格，女生完成时间超过 10.3 秒则成绩为不及格；对于大学三、四年级的学生，男生完成时间超过 9.0 秒则成绩为不及格，女生完成时间超过 10.2 秒则成绩为不及格。

新《标准》还规定，体测的学年总分为标准分与附加分之和，满分为 120 分。标准分由各单项指标得分与权重乘积之和组成，满分为 100 分；附加分根据实测成绩，对 1 分钟跳绳、引体向上、仰卧起坐等加分指标进行加分，满分为 20 分。各组学生按总分评定等级，90 分及以上为优秀，80 分至 89.9 分为良好，60 分至 79.9 分为及格，59.9 分及以下为不及格。

每个学生每学年评定一次，学生毕业时的成绩和等级，按毕业当年学年总分的 50% 与其他学年总分平均得分的 50% 之和进行评定。学生测试成绩评定达到良好及以上者，方可参加评优与评奖。对于测试成绩评定不及格的学生，在本学年度准予补测一次，补测仍不及格的，则学年成绩评定为不及格。普通高中、中等职业学校和普通高等学校学生毕业时，按照新《标准》测试出的成绩达不到 50 分者，按结业或肄业处理。

三、亚健康

世界卫生组织（WHO）认为：亚健康状态是健康状态与疾病状态之间的临界状态，虽然各种仪器的检验结果处于正常值范围内，但人体有各种各样的不适感觉。这是新的医学理论和概念，也是社会发展、科学与人类生活水平提高的产物，它与现代社会人们的不健康生活方式及所承受的社会压力不断增大有直接关系。

由于各研究采用的亚健康定义不统一、应用的调查问卷不统一，各研究报道的亚健康检出率差别也较大，大多在 20%～80% 之间。亚健康检出率在不同性别、年龄、职业上有一定差异，与出生地、民族无关。一般女性的亚健康检出率高于男性，40～50 岁年龄段的亚健康检出率高于其他年龄段。

导致亚健康的主要原因有：饮食不合理、缺乏运动、作息不规律、睡眠不足、精神紧张、心理压力大、长期情绪不良等。

知识链接　亚健康状态的自我检测

有学者给出 30 种亚健康状态，便于人们作自我检测。如果在以下 30 种状态中，感觉自己存在 6 种或 6 种以上，则可视为处于亚健康状态。

① 精神焦虑，紧张不安；② 忧郁孤独，自卑郁闷；③ 注意力分散，思维肤浅；④ 遇事激动，无事自烦；⑤ 健忘多疑，熟人忘名；⑥ 兴趣变淡，欲望骤减；⑦ 懒于交际，情绪低落；⑧ 常感疲劳，眼胀头昏；⑨ 精力下降，动作迟缓；⑩ 头晕脑胀，不易恢复；⑪ 久站头晕，眼花目眩；⑫ 肢体酥软，力不从愿；⑬ 体重减轻，体虚力弱；⑭ 不易入眠，多梦易醒；⑮ 晨不愿起，昼常打盹；⑯ 局部麻木，手脚易冷；⑰ 掌腋多汗，舌燥口干；⑱ 自感低烧，夜常盗汗；⑲ 腰酸背痛；⑳ 舌生白苔，口臭自生；㉑ 口舌溃疡，反复发生；㉒ 味觉不灵，食欲不振；㉓ 反酸嗳气，消化不良；㉔ 便稀便秘，腹部饱胀；㉕ 易患感冒，唇起疱疹；㉖ 鼻塞流涕，咽喉疼痛；㉗ 憋气，呼吸紧迫；㉘ 胸痛胸闷；㉙ 心悸心慌，心律不整；㉚ 耳鸣耳背，晕车晕船。

四、健康法则

（一）健康饮食法则

健康是人类社会生存发展的基本因素，也是个体或社会充分发挥其功能的必要前提。健康既属于个人，也属于社会。在一个高效率、快节奏的社会里，健康的体魄、良好的心态、充沛的精力对人类来说是宝贵的，它们直接影响一个人的学习、生活、工作及美好理想的实现。而饮食是人类生存和发展活动的一个重要方面，没有饮食，就没有充沛的精力和体力，也就谈不上创造更好的未来。俗话讲"民以食为天"，吃好饭也是人生存的根本保障。健康饮食法则要求人们做到饮食多样化和饮食规律两方面。

饮食多样化主要体现于以下方面：

以谷类为主，粗粮细粮搭配。每餐所吃的食物种类尽量多，能提供更丰富的营养，满足机体对各种营养的需要。

蔬菜、水果是维生素、矿物质、膳食纤维和植物化学物质的重要来源，水分多、能量低。薯类含有丰富的淀粉、膳食纤维及多种维生素和矿物质。富含蔬菜、水果和薯类的膳食对保持身体健康，保持肠道正常功能，提高免疫力，降低患肥胖、糖尿病、高血压等慢性疾病风险具有重要作用。

奶类及其制品营养成分齐全，组成比例适宜，容易消化吸收。奶类及其制品除了含丰富的优质蛋白质和维生素，含钙量较高，且利用率也很高，是膳食钙质的极好来源。大豆含丰富的优质蛋白质、必需脂肪酸、B 族维生素、维生素 E 和膳食纤维等，且含有磷脂、低聚糖，以及异黄酮、植物固醇等多种植物化学物质。

常吃适量的鱼、禽、蛋和瘦肉。它们均属于动物性食物，是人类优质蛋白、脂类、脂溶性维生素、B 族维生素和矿物质的良好来源，是平衡膳食的重要组成部分。

饮食规律是健康饮食的根本保障。一日三餐按时吃饭是人类长期生存所形成的规律，这种进食规律能使血糖水平维持在较稳定的范围内，有利于食物的消化吸收。要避免忽而暴食，忽而饥饿。

（二）健康作息法则

1. 起居规律

我们的生活起居必须有规律，坚持合理地安排起居作息，保持良好的生活习惯，尽量使工作、学习、休息、睡眠等活动保持一定的规律，不违背人体生理的变化规律，并与大自然的活动规律相适应，顺应生物钟的要求。这是保证身心健康、延年益寿的重要保健方法。

2. 保证睡眠

睡眠是人们生活中的一个重要组成部分。人的一生有 1/3 的时间是在睡眠中度过的，好的睡眠对恢复体力、增强智慧、保证健康十分重要。没有睡眠就没有健康。睡眠是机体自我保护的重要生理功能。睡眠不仅能使身体得到休息，恢复体力，还能让大脑得到休息，恢复脑力。某些内分泌功能在深睡时变得更加活跃，免疫系统也可以在熟睡中得到强化。通过睡眠，人们能够获得全身心的休息、恢复和调整。科学家认为，如果你希望自己健康，就必须重新评估睡眠对健康的作用。

3. 劳逸结合

劳逸结合是一个矛盾的统一体，要学会把"劳"和"逸"这一对矛盾完美地结合起来，和谐地统一于一体。生命需要压力，有压力才能使人振奋精神，保持高效率的学习和工作状态。但是过"劳"会导致"过劳死"，过"逸"也会使人心志涣散，无精打采。只有通过必要的休息调节，才能全身心地投入到工作学习中去，努力去实现自己的人生价值，学习和工作也会取得事半功倍的效果。

（三）健康运动法则

有句古话叫"流水不腐，户枢不蠹"，虽然说的是自然界中的一个现象，但是也揭示了一个真理——用进废退。按中医理论，运动可使全身血脉流通，不生疾病或少生病。肌肉通过动动变得发达有力，骨骼通过动动变得坚强和结实。所以说，最好的保健秘方，不是灵丹妙药，而是运动。

1. 运动预防疾病

体育锻炼能改善神经系统的调节功能，提高神经系统对人体活动的调节能力，使人做出协调、准确、迅速的反应；使人体适应内外环境的变化，保持肌体生命活动的正常进行。因此，体育运动在预防某些疾病方面有着非常好的效果。例如，经常运动可以降低血压，减轻体重，预防血块形成；运动可刺激胰岛素的分泌，加速细胞对糖的氧化和利用，起到防治糖尿病的作用……

2. 有氧运动和无氧运动相结合

有氧运动属于耐久性运动项目，在整个运动过程中，人体吸入的氧气大体与身体所需氧气保持平衡。其运动特点是强度低、有节奏、不中断、持续时间长，并且方便易行，容易坚持。有氧运动包括步行、慢跑、骑车等。

无氧运动属于力量性的运动项目，在整个运动过程中，人体吸入的氧气少于身体所需要的氧气，运动强度较高，持续时间短，爆发力强。无氧运动包括举重、拳击、短跑等。

在我们日常进行的运动中，还有很大一部分既不属于有氧运动，也不属于无氧运动，而是两者兼而有之，如足球、篮球、排球、体操、中距离跑、游泳及摔跤等，它们是耐力和力量的综合体现，这些运动同样有促进身体健康的作用。所以要保持健康的身体状态，可以把有氧运动和无氧运动结合起来进行。

3. 适量运动延年益寿

运动健身其实也不需要太大的运动量就能达到十分明显的效果，如果我们每天坚持10分钟的散步，则身体状况将大大改善。如果每天坚持一小时的步行，那么每周可消耗掉2000卡路里的热量，我们的预期寿命将会延长2年，运动健身贵在坚持。此外，有氧运动（指和缓的、非剧烈的运动）对健身的效果更好，当然也可将有氧运动和无氧运动两者结合起来，不过应根据个人体质选择适当的运动项目和运动强度。

4. 运动要持之以恒

"人贵有志，学贵有恒"，做任何事情，要想取得成效，不可缺乏毅力。锻炼身体非一朝一夕之事，要经常运动，三天打鱼两天晒网是不会达到锻炼目的的。锻炼不仅是对身体的锻炼，也是对意志力的锻炼。

若因工作忙，难以按原计划时间坚持，则可每天挤出10分钟进行短时间的锻炼。若因病或因其他原因不能到野外或操场锻炼，在室内、楼道内做原地跑、原地跳、广播操也可以。无论如何，不可一时兴起高强度锻炼，兴趣过后较长时间不锻炼。

5. 运动要循序渐进

为健康而进行的锻炼，应当是轻松愉快的、容易做到的、充满乐趣和丰富多彩的。在锻炼时，疲劳和痛苦都是不必要的，要轻轻松松地、渐次地增加运动量，"不能一口吃成个胖子"。

正确的锻炼是运动量由小到大、动作由简单到复杂。如跑步，刚开始练跑步时，要跑得慢些，跑步距离短些，经过一段时间的锻炼，再逐渐增加跑步的速度和距离。

（四）健康心理法则

1. 悦纳自己

心理健康的人首先要有自知之明。对自己能做出恰当评价的人，既能了解自我，又能接受自我。一个能悦纳自己的人，并不意味着他的一切都是完美的，而是说他在接受自己优点的同时，也了解自己的缺点，很坦然地承认自己的不足之处。

概括来讲，悦纳自我包括三方面：第一，接受自己的全部，无论优点还是缺点，无论成功还是失败。第二，无条件地接受自己，接受自己的程度不以自己是否做错事有所改变。第三，喜欢自己，肯定自己的价值，有愉快感和满足感。只有能够真正地做到如此，我们才能真正地悦纳、认识自我。

2. 保持乐观

某哲学家讲过："生活像镜子，你笑他也笑，你哭他也哭。"乐观的情绪可以使体内的神经和内分泌系统的自动调节作用处于最佳状态，有利于身体健康，有利于促进人的感知、记忆、想象、思维等活动。乐观的心态，使人心情舒畅，使人年轻。俗话说："笑一笑，十年少"，一个人心态好，世界上一切都变得很美好。只要你乐观、积极地看世界，这世界很美好。

3. 建立良好的人际关系

良好的人际关系是我们获得快乐的重要来源，也是我们减少痛苦的重要方式。当我们遇到困难的时候，当我们无助的时候，当有亲人去世的时候，我们身边一定要有我们的好朋友，或者我们可以交心的、说话的家里人、亲人。如果我们能够把自己的痛苦说给别人听，我们的痛苦就少了一半，甚至会少了一大半，而且在交流的过程当中会得到朋友的关心、支持，又会带给我们很多的幸福和快乐。

4. 拥有较强的社会适应能力

社会适应能力是当代大学生应具备的重要能力之一，任何人都必须主动适应社会的需要，否则便会被无情地淘汰。为了培养大学生的社会适应能力，学校应开展各种行之有效的社会实践活动，让学生有更多的时间走出校门，进入社会，了解社会，并逐渐适应社会。

5. 学会心理调节

一个人在工作、生活、恋爱过程中的烦恼是难以避免的，将忧愁痛苦强行积郁在胸，这显然不妥。心情不好时，应尽量想办法"宣泄"，如找知心朋友聊聊，一吐为快；或出去走走，到影剧院看看电影等。遇有大的委屈或不幸时，也不妨痛哭一场。在黑暗时要看到光明，失败时要多看自己的成绩，要对自己有信心。

第三节　学校体育概述

一、学校体育的概念

学校体育包括校内体育和校外体育两部分，一般指以在校学生为参与主体的体育活动，通过培养学生的体育兴趣、态度、习惯、知识和能力来增强学生的身体素质，培养学生的道德和意志品质，促进学生的身心健康。学校体育是教育的重要组成部分，是计划性、目的性、组织性较强的体育教育活动过程。

由于社会制度、国家性质和教育目标的不同，各国学校体育的目标也不尽相同，一般有：促进学生身体生长发育、增进健康；使学生掌握一定的锻炼身体的知识、方法；培养学生运动的兴趣、能力、习惯及良好的品行；发展个性。有的国家还将提高运动技术水平和为国防服务作为学校体育目标。在中国，学校体育的根本目标是通过增强学生的体质、促进其身心健康发展，为社会主义现代化建设培养德、智、体、美、劳全面发展的建设者和接班人服务。

二、学校体育的意义

（一）培养社会所需人才

学校体育是学生全面发展的组成部分，是培养社会所需人才的重要内容。体育和教育都是人类社会的文化现象，随着人类社会的产生而产生，随着人类社会的发展而发展。同时，它以越来越复杂的形式适应社会发展的需要。体育和教育一直都有紧密联系，作为培养人和教育人的必要手段，历来都是教育的重要组成部分。

（二）是国民体育的基础

学校体育是国民体育的基础，对增强民族体质和提高竞技体育水平有重要意义。一个民族的素质，主要包括身体素质、文化素质、心理素质和品德素质。民族素质的强弱，关系到国力强弱和民族兴衰。在学生时期，加强体育锻炼，能促进身体的正常生长发育，全面发展身体，增强体质，为一生的健康打下良好的基础。

学校体育的发展水平，也是大众体育普及水平的重要体现。同时，学生在学校体育教育中所养成的体育观念、能力和习惯，将有助于他们在踏入社会后，成为大众体育的生力军，从而极大地推动大众体育的发展。

（三）促进智力发展

学校体育不仅能够使学生的体质得到增强，而且可以促进其智力的发展。科学实践证明，坚持锻炼可以提高大脑皮层细胞活动的强度。通过体育运动，还可以培养敏锐的感知能力、灵活的思维和想象能力、良好的注意力和记忆力。这一切都有利于学生的智力开发，从而有利于他们学习和运用科学文化知识。

（四）培养意志品质

学校体育有助于培养学生高尚的思想品德和坚强的意志品质。严格的体育教学和训练，可以加强学生的组织性和纪律性，培养学生的集体主义精神。体育教学和训练中的对抗性，可以促进学生良好的个性的形成，培养学生良好的意志品质。同时，学校体育还为学生的道德行为的表现提供了有利的条件，有助于学生形成良好的道德行为。在体育运动过程中，学生努力控制和约束自己的不良行为，努力表现出良好的道德风貌，从而为形成良好的道德品质和习惯打下基础。

（五）对美育的作用

学校体育对于美育也有积极作用。它以自己丰富的内容和形式，不仅塑造体形的外在美，而且能培养学生的审美情趣。通过提高学生在体育运动中感受美、表现美、创造美的能力，更好地让学生认识和表现自身在运动方面的美，使其身心得到更加充分、自由、全面的发展。

（六）起到娱乐休闲作用

学校体育还是一项高尚的娱乐休闲活动。广大学生在学习科学文化之余参加体育活动，能够使紧张的神经得到松弛，享受运动带来的快乐。

三、学校体育的特征

（一）基础性

首先，体育教育在整个教育中具有基础性地位，是德、智、体、美、劳教育的重要组成部分；其次，学校体育的对象是在校学生，其身心发育处于关键时期，体育有助于他们的健康成长；再次，学生阶段是生活习惯和行为养成的重要阶段，体育知识的掌握与体育习惯的养成，将为竞技体育和大众体育打下坚实的基础。

（二）普及性

学校体育以全体学生为对象，以全面传授体育知识、普及体育活动为宗旨。

（三）系统性

学校体育遵循儿童和青少年发育成长的基本规律，并根据教学规律设计教学活动；教师按照循序渐进的原则有计划地指导学生；课余体育活动同课堂教学一起构成学校体育活动体系，能在潜移默化中实现教学目标。

四、学校体育的组织形式

学校体育工作的主要组织形式包括体育课程教学、课外体育活动、课余体育训练活动和课余体育竞赛等。随着学校体育教育的不断改革和发展，体育课程的组织形式也在不断更新和完善。

（一）体育课程教学

体育课程是学校体育工作的重要组成部分，在培养学生养成良好体育习惯的过程中发挥着重要的作用。体育课程是学校教学计划中所规定的必修课程，既是学校体育教育工作的中心环节，又是实现学校体育教育目标的基础和基本途径。

体育课程教学分为体育理论课教学和体育实践课教学。

1. 体育理论课。体育理论课是根据教学计划，在室内讲授体育与卫生保健等基础理论知识的课程。根据实际需要，有的理论课安排在学期开始时进行讲授，有的理论课安排在重大体育活动前讲授，等等。根据体育理论教材，按照教学计划和课时进度，系统地向学生传授体育知识和体育实践方法，加强学生对体育的理性认识和体育文化内涵的深刻理解，使学生形成体育锻炼的意识，树立终身体育锻炼的思想。

2. 体育实践课。体育实践课教学是以身体练习为基本手段，以教师为主导、学生为主体，专门开设的体育教学课程，是高校实现体育教育目标的基本组织形式。目前，我国高校提倡采用"三自主"教学模式开展大学体育课程教学。所谓"三自主"是指学生可以自由选择上课时间、自由选择上课内容、自由选择上课教师。对于学生而言，选择性更加宽泛，更有利于发挥其参与体育活动的主观能动性。

（二）课外体育活动

课外体育活动是体育课的有益补充，是体育教育体系在时间和空间上的延伸和扩展，是学校体育的有机组成部分。由于时间有限，在体育课之余大力开展课外体育活动无疑是培养学生体育锻炼习惯的重要途径。

课外体育活动主要有以下几种形式。

1. 早操。早操即在清晨进行体育活动，是学生合理作息制度的重要组成部分。主要是让学生根据个人的兴趣爱好，每天坚持20～30分钟的晨练，一般选择散步、健身跑、广播操、武术、太极拳等内容，运动量不宜过大，以免影响学习。学生坚持每天做早操，不仅可以锻炼个人意志，养成良好的生活习惯，还可以促进身心健康。安排学生做早操，对于校风、学风建设，促进校园精神文明也有重要意义。

2. 课间操。课间操是在课间休息时进行的时间较短的轻微活动。活动方式一般以散步、太极拳等内容为主，时长以5～10分钟为宜。通过课间操，可以消除静坐上课带来的脑力疲劳，在接下来的学习中保持充沛的精力。

3. 班级体育锻炼。班级体育锻炼是大学生结束一天学习之后，进行有目的、有计划、有组织的活动，一般以教学班为单位，分组、分项、定点组织，以篮球、足球、羽毛球、排球、乒乓球等集体项目为宜。通过班级体育锻炼，可以增强学生体质，促进健康，陶冶情操，拓宽视野，培养集体主义精神。

4. 单项体育协会或单项体育运动俱乐部活动。体育协会或体育俱乐部是大学生根据自己的兴趣爱好，自主选择、自愿参加的课余体育组织。它是贯彻实施全民健身计划的重要组织形式，其职能是宣传、发动、组织、指导所属成员参与课余体育锻炼，协助学校体育行政部门和学生会体育部开展群众性体育活动及组织单项训练和竞赛，提高运动技术水平。

5.体育节。体育节是在课外集中一段时间组织全校学生进行的体育活动。体育节活动内容应该丰富多彩，适应大学生的兴趣爱好，既要生动活泼，富有趣味，又要兼顾知识性和教育性。在举办体育节前要做好充分的准备和宣传工作，调动全体学生的积极性，在相对集中的一段时间内在校园内创造一种体育活动的热烈氛围。这对吸引更多大学生自觉参与体育活动会产生良好的促进作用，也有利于丰富校园文化生活。

（三）课余体育训练活动

课余体育训练活动是在群众性体育活动普及的基础上，对部分热爱体育运动，身体素质好又有专项运动特长的学生进行系统体育训练的活动。课余体育训练活动主要有以下几种形式。

1.兴趣运动训练队。只要身体素质好，有专项特长，兴趣浓厚，本人自愿，经过批准就可以参加兴趣运动训练队。项目设置一般根据学校的师资、场地、设施等条件来决定。训练的目的可以是为参加校际或上级组织的比赛，也可以是不为任何比赛，而仅仅为了增强体质，提高运动技术水平。

2.学校代表队。成立学校代表队的目的主要是代表学校参加校际或上级组织的比赛，项目设置一般根据学校传统运动项目和上级比赛的竞赛规程来决定，每队人数通常比兴趣运动训练队要少。学校代表队一般由运动技术水平较高、学习成绩合格、思想素质较好的学生组成。

3.高水平运动队。学校举办高水平运动队是我国建立多层次、多渠道培养优秀运动员人才梯队建设的战略举措，旨在为我国培养更多的高水平运动员开辟一条新的途径。学校体育是开拓竞技体育人才输送渠道和扩大国际交往的需要，能使课余体育训练逐步走向科学化和系统化。

课余体育训练的目的是提高竞技运动水平，既是为参加不同层次比赛，又是为学校培养体育骨干，以便指导和推动群众性体育活动的开展。

（四）体育竞赛

体育竞赛既可以培养学生的竞赛意识，又符合学生竞争心理的需求，所以体育竞赛是推动学校群众性体育活动开展的有效形式，能起到宣传、教育和鼓励的作用。通过运动竞赛这一形式，可以检查教学和训练情况，总结和交流经验，也可以选拔体育人才。

体育竞赛分为校内和校外两大类，经常采用的形式有以下几种。

（1）田径运动会。学通常在春季或秋季举行田径运动会。它的特点是项目多、规模大，能够较为全面地检查学校田径运动开展的情况，进一步推动田径运动的普及和提高。

（2）传统项目比赛。各学校根据自己的实际情况，设置一项或几项传统项目长期开展比赛，如篮球、排球、越野跑、乒乓球、拔河、跳绳等项目的比赛，要求学生积极参加锻炼和训练，定期举行比赛。

（3）对抗赛。对抗赛是在不同班级、院系或几个学校间组织的带有竞争性的赛，目的在于互相学习，互相促进，交流经验，共同提高。它的特点是规模较小，便于在业余时间进行。

（4）友谊赛。友谊赛与对抗赛基本相同，只是在对象、水平、规则等方面不像对抗赛那样要求严格。

（5）测试赛。测试赛是为了使参与对象达到一定的标准或者了解运动员进步情况而组织的比赛。

（6）选拔赛。选拔赛是为了组织某一运动项目的运动队（或者代表队），而进行队员选拔的比赛，它可以单独组织，也可以结合其他比赛开展。

（7）表演赛。表演赛是为了宣传体育运动的意义和扩大影响，或者对要开展的项目作示范性介绍而举行的比赛。常见的表演赛有武术、艺术体操、广播体操等项目的比赛。表演赛可以单独组织，也可以与各类运动会一并进行。

五、学校体育课

（一）学校体育课简述

体育课是体育教学的基本组织形式，主要是为了使学生掌握体育与保健基础知识、基本技术和技能，实现对学生思想品德的教育，提高学生的运动技术水平。

在中国，体育课是必修课程之一。它是由体育教师根据教育部颁布的体育教学大纲，按照班级授课制的方式，以实践课为主，有组织、有计划地进行教学。

（二）学校体育课的任务

体育课的教学任务和学校体育的总任务一致，包括：锻炼学生身体、增强体质；传授体育的基本知识、技术和技能；对学生进行思想和道德品质的教育。这3个方面是有机联系的一个整体，必须协调一致、全面贯彻。

（三）学校体育课程简介

1.课程结构

体育课的结构不仅要遵循人的认识活动的一般规律，而且还要遵循生理机能的规律。

体育课的结构一般分为准备部分、基本部分和结束部分，至于每个部分的具体结构，则因每节课的具体任务、教材内容、学生情况和人数、作业条件（场地、器材、季节气候等）的差异而有所不同。

2.课程安排

（1）综合密度。综合密度是指一节课中各项活动合理运用的时间与该节课的总时间的比例。一节体育课的教学活动，一般包括教师指导、学生做练习、相互观察与帮助、练习后的休息、组织措施。这5个环节都是教学过程中不可缺少的，但核心是学生做练习，只有反复练习才能掌握体育的技术、技能，增强体质，其他各个环节都应围绕有利于学生做练习这一环节进行。研究体育课的综合密度的意义，在于最有效地、最合理地利用上课时间，提高教学质量。

（2）专项密度。专项密度是指一节课中的某一项或两项活动的时间与该节课的总时间的比例。学生做练习的时间与该节课的总时间的比例，称为该节课的运动密度（练习密度），通常所说的体育课的密度，就是指该节体育课的运动密度。学校体育课的运动密度，一般以20%～30%为宜，在适宜的条件下，高于这一标准更好，但不要单纯追求体育课的运动密度。

良好的体育课的教育目的

1.“懂”，就是让学生懂得如何锻炼身体

当身体不舒服，出现亚健康状态的时候，学生知道用什么样的锻炼方法来消除这些不适，促进身体健康。比如说，我现在没劲，那就要判断是没有耐力，还是缺乏绝对力量，根据不同的症状有针对性地练习。搬东西搬不起来，缺的是绝对力量；干活干不长，缺的则是耐力。

一节好的体育课还要看有没有知识点。如果一节体育课仅仅让学生锻炼身体，是不行的。在学生练习的过程中，教师还要告诉学生这是什么关节，这是什么肌肉，这个练习为什么用这种方法；早上跑步的时候要注意什么，晨跑好还是夜跑好，原因是什么；等等。

2.“会”，主要是帮助学生学会技能

学生在学校学习体育课程，需要掌握一定的运动技能。你不会打篮球，怎么能知道打篮球的乐趣在哪里，怎么懂得通过打篮球锻炼身体、愉悦自己的身心？所以，一定要切切实实地让学生学会技能。

体育达标和身体练习结合不起来，是当前学校体育教学中的一个很大的弊端。比如，达标测试中有长跑，就只让学生练习长跑，其实，定向越野里不就有长跑吗？踢足球不也能练长跑吗？这个项目练的就是耐力。打篮球的时候，你让学生练习快速带球跑或者带球变速跑，也能达到锻炼的目的。这样的练习方式比让学生一遍遍机械地跑有意思得多，学生也会喜欢。

3.“乐”，乐趣是体育的天然属性

体育文化是从乐趣中延伸出来的一种文化，体育教学如果把体育中的乐趣去掉了，谁还来学呢？乐趣是什么，乐趣就是竞争，乐趣就是表现。

不同的项目有不同的体验和乐趣，体育教师一定要让学生体会到体育的乐趣。

4.“练”，训练是体育的根本方法

这里的“练”就是指体育课一定要有运动量，一定要让学生锻炼身体，一定要让学生出微汗。脸发红、出微汗是好的体育课的一个标志。

六、学校运动队

（一）学校运动队简述

学校运动队是在学生普遍参加班级体育活动的基础上，把部分运动成绩好的学生，按特长组织成的若干运动队。学校运动队进行课余训练，不断提高运动技术水平，为国家发现、培养、输送优秀的体育人才，是学校体育的重要组成部分，具有业余性、基础性、广泛性的特点。

学校运动队训练的基本任务是进行全面身体训练和基本技术训练，在保证促进学生健康的前提下，全面发展其身体素质，以获得多种多样的运动技能，为其将来身体发展和取得良好的运动成绩打下稳固基础。

（二）我国学校运动队管理现状

我国学校运动队建设仍处于探索和提高阶段，教育部和国家体育总局对于学校运动队的建设和管理尚未给出统一的模式，虽然具体列出了很多规定，但各个学校在操作的过程中受到自身实际情况的限制，难以有效执行规定中的各项措施，管理体制的不完善严重限制了高水平学校运动队的发展。

1. 学习与训练难以协调

学校运动队与职业运动队最大的区别就在于学校运动队的队员要面对较大的课业压力。"学训矛盾"是目前学校运动队管理中的突出问题，问题的解决直接影响到在校运动员的全面成长与参与训练的积极性。竞技体育发展到今天，没有大量的训练作支撑很难取得优异的成绩，而在校运动员的学习没有足够的时间做保障，完成学业也是妄谈。

2. 学校运动队招生困难

目前，我国高等院校和职业院校运动队运动员主要来自3个方面：一是各地高中应届毕业生中的体育特长生；二是专业运动队退役队员；三是学籍归属于学校的在训运动员。发展高水平运动队主要是为了提高学校的体育运动水平，为国家培养更高层次的运动员和体育人才。如果单纯为了在全运会或省运会中取得优异成绩而招收只是学籍归属于学校的在训运动员，则与这个初衷背道而驰。在招生时，应以地方高中的应届毕业生为主，建立系统的培养计划，以提高学生的运动水平。

3. 缺乏高水平教练员

我国学校运动队的教练员普遍缺乏高水平的理论素养和实践经验，未能形成一支高水平的教练员队伍。而在管理方面，对教练员的岗位培训和考核力度不足，缺少相应的任用激励机制，则恶化了这种情况。

4. 难以融入校园文化

学校运动队因其竞技水平较高而具有较好的观赏性，能够带动其他学生的参与热情；也可以在学校举办体育文化节等活动时与普通热爱体育锻炼的学生进行互动交流，以此为契机带动整个学校建立一种良好的校园风尚。而现在的状况却是体育活动与学校生活"各自为政"，并没有形成有机的整体，体育活动失去了根基，难以真正提高整个学校的体育运动水平。

（三）学校运动队的组织与管理

学校运动队训练工作是学校体育工作的重要组成部分，它是在自愿参加的原则上，吸收全校体育运动水平较高和对某些运动有突出爱好的学生参加，是推动学校体育工作的一项重要措施，也是发展竞技体育的重要举措。

1. 组队和训练过程的管理

学校运动队队员同时要实现两个主要目标，即文化学习目标和训练目标。如何正确处理两者之间的关系，做到学习和训练两不误，是搞好运动队工作的关键所在。

一个高水平的学校运动队，不光要有充足的运动员生源，更重要的是要保证所选拔的运动员的质量。在选拔运动员时要注意将体育特长与文化课成绩考核相结合。

2. 思想政治工作

入队初期，运动员有较强自豪感，但依赖性强、可塑性性大。入队中后期，运动员独立性增加，自我实现意识较强。因此，各个阶段都应做好运动员的思想工作。要努力培养良好的集体氛围。

3. 文化学习的管理

运动员要兼顾训练与文化学习，必须妥善处理两者关系。

教练员要定期了解运动员的作业完成情况及学习成绩，对学习成绩下降或学习有困难的运动员，可以减少或暂停训练，待学习成绩提高后，再恢复正常训练，以体育运动训练推动学习，鼓励运动员做到训练和学习两不误。

凡是学校运动队的运动员，因集训和比赛所耽误的课程，任课教师应及时为其补课。

（四）教练员对运动队的管理

1. 教练员在学校运动队中的地位和作用

教练员能对运动员施加多方面的影响，应把提高运动技术水平作为中心任务，促进运动员的全面发展。在运动训练过程中，教练员起主导作用，他们承担着培养、训练运动员的主要任务，对运动员的成长有着十分重要的影响。

2. 教练员在运动队管理中的职责与权力

在学校这一特定环境中，教练员必须对运动员的训练、思想、学习、生活等方面负责。教练员必须充分履行自己的职责，学校也要赋予他们相应的权力。

3. 教练员对训练工作的管理

教练员对训练工作的管理包括选拔运动员、提出组队人选、制订各类训练计划、督促运动员全面实施训练计划、及时反馈和修改调整训练计划等。

4. 教练员要合理安排训练内容

教练员一方面要以发展专项身体训练为主，带动队员全面提高身体素质，另一方面要狠抓关键技术要领的突破。

第二章
体育锻炼与运动损伤

现代社会对高职院校和高等院校学生的要求不仅仅是精通专业技术，更要求其身体得到全面发展，以适应社会生产、生活的需要。身体全面发展的基本途径之一是进行科学的体育锻炼。

体育锻炼是指人们根据自身需要进行自我选择，运用各种体育手段，并结合自然力和卫生措施，以发展身体、增进健康、增强体质、调节精神、丰富文化生活和支配余暇时间为目的的体育活动。

第一节　体育锻炼的基本原理

不同性别、不同年龄、不同体质特征、不同心理素质的个体，其锻炼内容、方法、生理和心理负荷、运动强度等均有不同的科学要求。

一、体育锻炼的能量供应理论

能量代谢是指物质代谢过程中所伴随着的能量释放、储存、转移与利用的过程。食物中的糖类、蛋白质、脂肪既是建造机体结构、实现自我更新的原料，又是机体内能量的来源。

人体运动时的直接能量来自体内一种特殊的高能磷酸化合物——三磷酸腺苷（ATP）。肌肉活动时，肌肉中的ATP在酶的催化下，迅速分解为二磷酸腺苷（ADP）和磷酸，同时释放能量并提供给肌肉。但是人体肌肉内ATP含量甚微，只能供极短时间内运动的需求，因此肌肉要持续运动，就需及时补充ATP。

人体运动时，当ATP分解并释放能量后需要及时补充，可以通过磷酸原系统、乳酸能系统、有氧供能系统来完成补充工作。人体从事的各种不同的运动，其能量供应都分别属于这三个供能系统，而发展这三个供能系统的方法又各不相同。

（一）磷酸原系统

磷酸肌酸（CP）也是储存在肌细胞内的一种高能磷化物。当ATP分解并释放能量后，CP立刻分解并释放能量以补充ATP的再合成，由于这一过程十分迅速，不需要氧气，也不会产生乳酸，因此，生理学上将它与ATP一道合称为非乳酸系统，又称磷酸原系统。

生理学研究证明，全身肌肉中磷酸原系统供能过程仅能持续8秒左右。这一系统供能能力的强弱，主要和绝对速度有关，如果要提高50米、100米等短距离跑的绝对速度，就要发展磷酸原系统的供能能力。发展这一系统的供能能力的最好训练方法是采用持续10秒以内的全速跑，重复进行练习，中间间歇休息30秒以上。如果间歇时间短于30秒，则会由于磷酸原系统恢复不足，产生乳酸积累。

（二）乳酸能系统

当人体肌肉快速运动时间持续超过8秒后，磷酸原系统已不能及时补充ATP，于是动用肌糖原进行无氧酵解供能。这一系统供能时不需要氧，但产生乳酸积累，故被称为乳酸能系统。机体产生的乳酸在氧供应充足时，一部分继续氧化释放能量，另一部分合成肝糖原。乳酸是一种强酸，在体内积聚过多，会导致酸中毒，使机体工作能力下降，故乳酸能系统有供能能力，但持续时间也不长（约 33 秒）。

乳酸能系统供能能力的强弱主要与速度耐力有关。中距离跑主要需要速度耐力，100米、200 米跑的后程及不少球类运动也都需要速度耐力。要提高速度耐力，就要发展乳酸能系统的供能能力，最适宜的训练方法是全速（或接近全速）跑 30 ～ 60 秒，间歇休息120 ～ 180 秒。

（三）有氧供能系统

在氧供应充足的条件下，机体利用糖和脂肪氧化分解成产生二氧化碳和水，释放大量能量来合成 ATP，这种有氧氧化供能过程被称为有氧供能系统。

虽然磷酸原系统和乳酸能系统在运动中提供了大量能量，但归根结底，ATP、CP 的合成，糖酵解产物乳酸的消除，都是通过有氧氧化来实现的。所以，肌肉活动能量最终来源还是糖和脂肪的有氧氧化，而糖和脂肪又来自于食物。

人体的有氧供能能力和心肺功能有关，是耐力素质的基础，要提高这一系统的供能能力，主要宜采用较长时间的中等或较低强度的匀速跑等训练方法。

人从事任何一种运动时，能量供应很少仅来自一个供能系统，大多数情况下是上述三个供能系统均参与供能，只不过不同的运动三个供能系统所占的比例各不相同。例如，100 米跑，主要是磷酸原系统及乳酸能系统供能为主；长跑，主要由有氧供能系统供能；400 米跑，主要以乳酸能系统供能为主；1500 米跑，对三个供能系统均有较高要求。

二、体育锻炼的超量恢复理论

新陈代谢是机体生命活动的基本特征之一，是通过同化作用和异化作用的对立、统一进行的。体育锻炼是对机体新陈代谢过程的一种刺激，它能引起组织系统产生兴奋，加剧物质代谢和能量转换，造成代谢的不平衡。人在进行体育锻炼时，体内新陈代谢过程比平时大为加强，能量消耗增加，以不断满足运动时的能量需要，运动后身体的能量物质不仅可以恢复到原有水平，而且还会超过原有水平，这种现象被称为"超量恢复"。能量物质的恢复过程大致可分为三个阶段：第一阶段是运动过程中，能量物质恢复就已经开始，这时机体一边消耗能量，一边补充和恢复能量物质，由于消耗大于补充，因此能量物质的储量逐渐下降；第二阶段是运动结束后，此时能量物质消耗已逐渐减少，而恢复过程却不断增强，运动过程中消耗掉的能量物质不断得到补充，直至恢复到运动前的水平；第三阶段是超量恢复阶段，能量物质恢复到原水平后并未停止，而是继续恢复补充，在这一段时间中，能量物质的恢复可超过原有储备的水平，比运动前能量物质的储量还要多。但是，过一段时间后，能量物质的储备又回到原来水平。如果经常坚持体育锻炼，不断增强能量物质的恢复过程，超量恢复便能达到更高水平，体质也就不断得到增强。

"超量恢复"出现的早晚与运动量的大小、疲劳程度及营养供给有关。因此在锻炼身体时，要根据各自的身体条件、年龄和锻炼基础，合理地安排运动量和运动持续时间，既能引起机体超量恢复，又不超过机体适应的界限。

三、运动负荷有效价值阈的理论

运动负荷价值阈，是按一定的心率区间来确定运动负荷的一种计量标准。尽管因为有个体差异性的存在而不可能确定一个运动负荷价值阈的绝对标准，但由于具有正常健康水平的个体之间的差异并不明显，因此，以"一定的心率区间来确定运动负荷"的运动负荷价值阈理论，仍具有普遍的指导意义。体育锻炼的目的在于有效地增强体质，应以有氧代谢为主。国内外有关研究成果表明：科学体育锻炼运动负荷有效价值范围心率为120 ~ 140 次 / 分钟。当心率在 110 次 / 分钟以下时，机体的血压、血液成分、尿蛋白和心电图等，都没有明显的变化，锻炼身体的价值不大；当心率在 130 次 / 分钟时，每搏输出量接近或达到一般人的最佳状态，锻炼身体的效果明显；当心率在 150 次 / 分时，每搏输出量开始出现了缓慢的下降；当心率增加到 160 ~ 170 次 / 分钟时，虽无不良反应，但未能呈现出更好的健康迹象。因此，从事体育锻炼的健康人的运动负荷有效价值范围应保持心率在 120 ~ 140 次 / 分钟内。心率在此范围内波动的时间，应占一次锻炼总时间的2/3 为宜。

第二节　体育锻炼的基本原则

体育锻炼的原则是身体锻炼基本规律的反映，也是参加锻炼者安排锻炼计划、选择锻炼内容、运用锻炼方法所要遵循的原则。为了达到体育锻炼的目的，提高锻炼的效果，在锻炼过程中应遵循以下五条基本原则。

一、意识性原则

意识性原则是指要有意识地以增强体质为出发点进行锻炼，而不是盲目地或无目的地锻炼。人的活动除了机体的自律活动和反射活动之外，所有的随意活动都伴随着一定的意识。盲目性不是无意识，而是意识不清、意识程度浮浅、意识的指向性错误。增强体质的意识与竞技比赛意识有极大区别，在科学锻炼身体的过程中，要把意识指向发展身体、增强体质的目标，而不能指向单纯提高运动竞赛成绩上。有些学生把参加体育锻炼的意识指向比赛、指向娱乐，而把增强体质看作是练习过程中自然可达到的结果，这就收不到发展身体、增强体质的效果。所以，在参加体育锻炼过程中，每个人都要增强和树立起正确的意识。

二、循序渐进原则

循序渐进原则是根据增强体质的规律对应用各种体育手段去锻炼身体的过程所确定的原则。在科学锻炼身体的过程中，最本质的是运动负荷问题，循序渐进不是说天天地或每次平均地增大负荷量，而是按照人体对运动的适应性变化，根据超量负荷的要求，有计划地增大运动负荷。一定的运动负荷量，对身体作用一定次数和时间之后，才能引起身体的适应，然后再逐步增大运动负荷，使身体产生新水平的适应，最终达到增强体质的目标。

三、因人制宜原则

因人制宜原则是指在锻炼过程中，要根据个人的特点去安排锻炼的方法、内容和运动负荷的原则。每个人的体质都有各自的特点，只有针对这些特点去锻炼才能收到效果。要贯彻这一原则，需要对自身有一个了解，这就需要对自身的形态、机能、素质和运动能力等进行测量和评价，在取得一定数据的基础上，选择适合自己的锻炼方法。例如，某个学生心肺功能较差，奔跑的能力不强，他就可以针对自身的弱点，在锻炼中增强这方面的能力。

四、全面发展原则

全面发展原则是指在体育锻炼过程中应全面发展身体的各个部位和各个器官的机能，提高身体素质和基本活动能力，从而达到身心全面和谐发展的原则。

人的身体是一个整体，要想增强体质，就必须使构成人体的各局部都得到锻炼和发展。

五、反复性原则

反复性原则是指运用各种手段锻炼身体，具有多次重复的特性的原则。经验告诉我们，在锻炼过程中，某些训练只练习几次对身体的作用不大，只有多次练习并达到一定程度时，才能对身体产生良好的作用，而练习的次数过多，也会给人体带来副作用。因此，反复是指有规律、有限制的重复。

第三节　体育锻炼的基本方法

在体育锻炼时，不仅要遵循体育锻炼的基本原则，而且应掌握正确的锻炼方法，以达到体育锻炼的目的。

一、重复锻炼法

在运动锻炼的过程中，多次重复同一练习、两次（组）练习间安排相对充分休息，从而增加负荷的锻炼方法叫重复锻炼法。该方法的关键是一次（组）练习完毕后的间歇时间应当充分，这样可有效地提高锻炼者的无氧、有氧混合代谢能力，提高各种技术应用的熟练性与机体的耐久性。重复次数不同，对身体的作用就不同，重复次数越多，身体对运动反应的负荷量就越大。如果重复次数不断地增加，可能使身体承受的负荷达到极点，乃至破坏机体的正常状态而造成伤害。

重复锻炼是从增强体质的目标出发，为追求必要的负荷而去一次又一次地反复做动作的过程。这个过程的主要目的是增加负荷强度，而不是改正动作错误。因此，运用重复锻炼法的关键是掌握好运动负荷的有效价值范围，并据此调节重复次数。

通常认为，普通大学生的负荷心率在 130 ～ 170 次 / 分钟的范围内是较适宜的。在这个范围内，心室血液充盈，每搏输出量及氧气的运输量等均达到最佳状态，并可以持续地运动。心率低于 130 次 / 分钟时，健身效果不大，应增加重复次数。心率超过 170 次 / 分钟时，须减少重复次数或安排足够的间歇时间。

运用重复锻炼法时还要注意根据锻炼项目的不同特点和不同体质状况，随时对锻炼过程加以调整，以免让锻炼者产生厌倦情绪。

二、连续锻炼法

在运动锻炼的过程中，为了保持有价值的负荷而不间断地连续进行运动的方法叫连续锻炼法。该方法要求负荷强度较低、负荷时间较长、无间断地连续进行运动。从增强体质的目的出发，需要间歇就停一会儿，需要连续就接二连三地进行下去，所以不能仅讲究间歇，还要讲究连续，连续、间歇、重复都是在整个锻炼过程中实现的。连续、间歇、重复各有其特定的作用，连续的作用是维持负荷量不下降，将负荷量维持在一定的水平上，使身体充分地感受到运动的作用。

连续锻炼时间的长短，同样要根据负荷价值有效范围而确定，通常认为心率在 140 次 / 分钟左右时连续锻炼 20 ～ 30 分钟，可使机体的各个部分都长时间地获得充分的血液和氧的供应，因而能有效地发展有氧代谢能力，发展耐力素质。实践中，用于连续锻炼的内容主要是那些比较容易并已为锻炼者所熟悉的运动，如跑步、游泳等。

三、变换锻炼法

通过不断变换运动负荷、练习内容、练习形式及条件，以提高锻炼者的积极性、适应性及应变能力的方法被称作变换锻炼法。此法可以有效地调节生理负荷，提高兴奋性，强化锻炼意识，克服疲劳和厌倦情绪，以达到增强锻炼效果的目的。

四、负重锻炼法

负重锻炼法是使用杠铃、哑铃、沙袋等重物进行身体运动来锻炼身体、增强体质的方法。负重锻炼法既适用于普通人为增强体质而锻炼身体，又适用于运动员进行身体训练，还适用于身体患疾病者的康复训练。

五、间歇锻炼法

在运动锻炼的过程中，对多次锻炼时的间歇时间做出严格规定，使机体处于不完全恢复状态下，反复进行锻炼的方法叫作间歇锻炼法。使用该方法的关键是严格控制间歇时间，使机体处于不完全恢复状态，每次练习的负荷时间较长，负荷强度适中。该方法可使锻炼者的心脏功能明显增强，通过调节负荷强度，可使机体各机能产生与锻炼项目相匹配的适应性变化；提高有氧代谢供能能力，提高体质。同重复锻炼法一样，间歇的时间也要依据负荷的有效价值标准去调节。

六、循环锻炼法

循环锻炼法由几个不同的练习点组成，练习者按照既定顺序和路线，依次完成每个点练习任务。一个点上的练习一经完成，练习者就迅速转移到下一个点，下一个练习者依次跟上。练习者完成了各个点上的练习，就算完成了一次循环。这种锻炼方法就叫循环锻炼法。其构成因素有：每个练习点的运动负荷、每个练习点的练习内容、练习点的安排顺序、练习点之间的间歇、练习的数量与循环练习的组数。

第四节　体育锻炼计划的制订

制订体育锻炼计划是为了保证锻炼更具有科学性，更符合实际，克服锻炼的盲目性和随意性，做到有步骤、有系统地锻炼，同时也为了检验锻炼的方法和效果，总结经验教训。此外，按计划锻炼也是对自己的一种约束，可以督促自己坚持锻炼，不断提高锻炼的质量和水平，达到预期的目的。制订体育锻炼计划应以个人的体质状况、体力强弱、年龄、性别、工作情况、劳动强度、生活条件及锻炼目的为依据，充分做好各项准备工作。

一、制订体育锻炼计划的依据和保证

（一）以健体、健心、健美为目的是制订体育锻炼计划的基本依据

在制订体育锻炼计划时，要注意选择项目的全面化和多样化，使上肢、下肢、躯干都能够得到锻炼，并使身体素质得到全面发展。整个锻炼计划的内容安排要遵循由简到繁、由易到难的原则，运动量由小到大逐渐增加。

（二）选择的锻炼内容和锻炼方法要力求实效，这是制订体育锻炼计划的保证

由于体育锻炼的内容和方法繁多，应根据个人的实际情况和需要，选择适合自己的一些内容和方法进行全面的练习，并持之以恒，就可以达到理想的效果。

二、明确体育锻炼的目的

在开始锻炼之前，要有一个大致的规划和设想，明确锻炼的目标和基本要求。例如，有人把锻炼作为闲暇时的一种娱乐，活动一下筋骨，调整一下心理状态；有人是为了矫正身体某部位微小的畸形；有人为了健身，达到改善体型的目的；有人想达到某种体格标准；有人纯属为了减肥；有人想做一名健美运动员，参加健美表演和比赛等。目的不同，计划各异。

三、制订体育锻炼计划的原则

（一）从实际出发原则

制订体育锻炼计划要从自身及周边环境等条件出发，选择适宜的锻炼项目和运动强

度，有针对性地进行体育锻炼。

（二）循序渐进原则

任何运动都有其伤害性，所以要遵循运动规律、量力而行，在确保不受伤的情况下逐步提高自身的运动能力和竞技水平，以达到健身、健心的目的。

（三）持之以恒原则

要坚持经常地、不间断性地锻炼身体，持之以恒地提高身体素质。

（四）全面发展原则

在制订体育锻炼计划时，要选择多种方法和方式。

四、制订和实施体育锻炼计划的步骤

步骤如下：
（1）明确自身的健康状况、体能及技能的现有水平。
（2）根据具体情况选择合适的运动项目，制订适宜的体育锻炼计划。
（3）根据每次锻炼前的身体状况配以适度的运动负荷，持之以恒地执行体育锻炼计划。
（4）对体育锻炼计划进行评价，并做出适当调整。
（5）按照调整后的计划继续进行锻炼。

第五节　运动损伤

在体育运动时发生的损伤统称为运动损伤。体育运动是以增强体质、增进健康为目的的，而运动损伤将直接影响锻炼者的健康和学习、工作、生活。显然，损伤与体育锻炼的目的相悖。了解运动损伤发生的原因和发病规律，贯彻预防为主的方针，采取有效的安全措施，就能最大限度地减少或者避免运动损伤，从而保证身体健康和运动锻炼的正常进行。

一、运动损伤的原因

大学生发生运动损伤的原因是多方面的，既有锻炼者运动基础、体质水平方面的原因，也与运动项目的技术特点、技术难度及运动环境因素有关，同时与活动中的内容安排、运动量及运动强度有一定的关系，概括起来主要有以下几个方面：
（1）思想麻痹大意是导致运动损伤的主要因素。例如，运动前不检查器械，预防措施不得力，在运动过程中存在盲目和冒失行为。
（2）运动前准备活动不充分，特别是缺乏有针对性的准备活动，使运动器官、内脏器官功能没有达到合适的状态而造成损伤。

（3）运动情绪低下或在恐惧、害羞、犹豫及过分紧张时发生伤害事故。有时因缺乏运动经验、缺乏自我保护能力而受伤。

（4）由于锻炼的方法不科学，盲目地增加运动负荷，提高技术难度，尤其是局部负担过重，是造成运动损伤的主要原因。另外，在身体过于疲劳，或长期局部负担过大，或身体机能状态不良时都可能引发伤害事故。

（5）如果进行体育锻炼时，组织安排不严密，就会出现拥挤混乱的情况，可能造成因为场地、器材、时间安排不合理而发生意外事故。

（6）运动环境不佳也会引起意外伤害的事故。例如，运动场狭窄、不平整，有行人及车辆过往，器械安装不牢固，运动服装或鞋不合适，气温或光线不良等都可能造成运动损伤。

（7）技术动作不正确，往往造成局部受力过大或身体失去平衡和控制，从而造成运动损伤。

二、运动损伤的预防

预防运动损伤应该注意以下几个方面：

（1）加强运动安全教育，克服麻痹思想，提高预防损伤的思想意识。

（2）认真做好准备工作，对可能发生损伤的环节和易伤部位，要及时做好预防措施。

（3）合理组织和安排锻炼，合理安排运动量。做练习时，防止局部运动器官负担过重。

（4）加强保护与帮助。在加强同伴间的相互保护与帮助的同时，特别要加强和提高自我保护能力。如摔倒时，立即屈肘、低头、团身滚动；由高处跳下时，用前脚掌着地，同时屈膝缓冲、弯腰、两臂自然张开，以利于保持身体平衡。

（5）加强易伤部位的锻炼。这是一种积极的预防手段，如为预防关节扭伤，应增强关节周围肌肉、韧带的力量、强度和柔韧性，以加强关节的稳定性。为防止肌肉损伤，在发展肌肉力量的同时，还应该注意发展肌肉的伸展性。

三、运动损伤的处理

常见的运动损伤主要有软组织损伤，关节、韧带扭伤，关节脱位，脑震荡，运动骨折等几种。

（一）软组织损伤

这类损伤可分为开放性和闭合性损伤，前者有擦伤、撕裂伤、刺伤等，后者有挫伤、肌肉拉伤等，如肌肉挫伤、肌腱腱鞘炎。

1. 擦伤

（1）原因与症状。因运动时皮肤受挫致伤。如跑步时摔倒，体操运动时身体摩擦器械受伤。擦伤后皮肤出血或组织液渗出。

（2）处理。小面积擦伤，先用生理盐水将伤口洗净，后涂抹红药水，再用消毒布覆盖，最后用纱布包扎。

2. 撕裂伤

（1）原因与症状。在剧烈、紧张运动时，或受到突然强烈撞击时，造成肌肉撕裂，常见的有眉际撕裂、跟腱撕裂等。开放伤顿时出血，周围肿胀；闭合伤在被触及时有剧烈疼痛。

（2）处理。轻度开放伤，用红药水涂抹伤口即可；裂口大时，则需要止血和缝合伤口，必要时注射破伤风抗毒血清，以防破伤风症。如肌腱断裂，则需要手术缝合。

3. 挫伤

（1）原因与症状。因撞击器械或练习者之间互相碰撞造成挫伤。单纯挫伤在损伤处出现红肿、皮下出血等症状，并有疼痛感。内脏器官受损伤时，则会头晕、脸色苍白、心慌气短、出虚汗、四肢发凉、烦躁不安，甚至休克。

（2）处理。在 24 小时内冷敷或加压包扎，抬高患者肢体或外敷中药。24 小时后，可进行按摩或理疗。进入恢复期后可进行一些功能性锻炼。如果怀疑内脏损伤，在做临时性处理后，应立即将伤者送往医院接受检查和治疗。

4. 肌肉拉伤

（1）原因与症状。通常在外力直接或间接作用下，使得肌肉过度主动收缩或被动拉长时引起肌肉拉伤。特别是由于准备活动不充分、动作不协调及肌肉弹性、伸展性或肌力较差者则更易拉伤。损伤后伤处肿胀、压痛、肌肉痉挛，触诊时可以摸到硬块。严重的肌肉拉伤会导致肌肉断裂。

（2）处理。轻者可以立即冷敷，局部加压包扎，抬高患肢。如有大部分或完全断裂者，在加压包扎后，应立即将伤者送往医院进行救治。

（二）关节、韧带扭伤

1. 肩关节扭伤

（1）原因与症状。一般因为肩关节用力过猛及反复劳损所致，也有的因技术动作错误、违反解剖学原理而造成损伤。如在排球运动中扣球和大力发球时，或在进行投掷类运动项目时，常出现这类损伤。其症状有压痛、疼痛，急性期有肿胀，慢性期三角肌可能出现萎缩，肩关节活动受限。

（2）处理。单纯韧带扭伤，可冷敷，加压包扎。24 小时后采用理疗、按摩和针灸等方式治疗。出现韧带断裂时，应该立即将伤者送往医院进行缝合和固定处理。当肩关节肿胀和疼痛感减轻后，可适当进行功能性锻炼，但是不宜过早活动，以防损伤转入慢性期。

2. 髌骨劳损

（1）原因和症状。髌骨具有保护骨关节面、维护关节外形、传递股四头肌力量的作用，是维护膝关节正常功能的主要结构。髌骨劳损是膝关节长期负担过重或反复损伤累积而成的，也可能是一次直接外力撞击致伤。例如，跳高和跳远时不合理落地或摔倒受伤，都会导致这种损伤。

（2）处理。采用中药外敷、针灸、按摩等治疗手段。平时加强膝关节肌群力量练习，例如采用高位静力半蹲，每次都保持 3～5 分钟。病情好转时，可以逐渐增加时间，每日进行 1～2 次。

3. 踝关节扭伤

（1）原因与症状。多因运动中跳起落地时失去平衡，使得踝关节过度内翻或外翻致伤。在准备活动不充分、场地不平坦的情况下，很容易造成这类损伤，主要症状为伤处疼痛、肿胀，韧带损伤处有明显压痛、皮下淤血。

（2）处理。受伤后，应该立即冷敷，用绷带固定包扎，并抬高伤肢，24小时后，根据伤情采取综合治疗，如外敷跌打损伤药、理疗、按摩等，必要时采用封闭疗法。待病情好转后，进行功能性练习。对严重患者，可用石膏固定伤肢。

4. 急性腰伤

（1）原因与症状。运动时身体重心不稳或肌肉收缩不协调，引起腰部扭伤。多数因腰部受力过重，或脊柱运动时超过了正常生理范围。例如，挺身跳远时，展体过大，举重上挺时，过分挺胸塌腰等，都有可能造成腰部扭伤。其症状为疼痛，有时听到瞬间"咯咯"的响声，有时出现腰部肌肉痉挛和运动受限。

（2）处理。腰部急性扭伤后，让患者平卧，一般不应该立即搬运，如果剧烈疼痛，则用担架抬进医院诊治，主要恢复手段有针灸治疗、外敷伤药或按摩。

（三）关节脱位

（1）原因与症状。因受外力作用，使关节面失去正常的连接，称为关节脱位，又称脱臼。关节脱位可分为完全脱位和半脱位（或称错位）两种。严重的关节脱位，伴有关节囊撕裂，甚至损伤神经。运动中发生的关节脱位，大都是间接外力撞击所致。

关节脱位后，伤肢常出现畸形，与健肢对比不对称，因软组织损伤而出现炎症反应，局部疼痛、压痛和关节肿胀，并失去正常活动功能，甚至发生肌肉痉挛等现象。

（2）处理。用长度和宽度相称的夹板固定伤肢。如果没有夹板，可将伤肢固定在自己的躯干或健肢上，防止震动，随后及时将伤者送往医院治疗。

（四）脑震荡

（1）原因与症状。脑震荡是指头部受到重物、硬物直接打击或撞击后，使人脑管理平衡的膜半规管、椭圆囊、球囊等感受器功能失调，以致引起意识和功能性障碍。在体育锻炼时，两人头部相撞，或头部撞击硬物，或从高处跌下时头部撞地，都有可能造成脑震荡。头部受伤后可能会立即出现意识昏迷、呼吸表浅、脉搏徐缓、肌肉松弛、瞳孔放大但对称、神经反射减弱或消失等症状。清醒后，患者常出现头痛、头晕、恶心或呕吐等症状。

（2）处理。立即让患者平卧，冷敷头部。对昏迷者可按压其人中、内关、合谷穴；若呼吸发生障碍，应立即进行人工呼吸。上述处理后，出现反复昏迷或耳、鼻、口出血，两瞳孔放大又不对称时，表明病情严重，应速将伤者送往医院治疗。在运送途中，要让伤者平卧，头部固定，避免颠簸。

（五）运动骨折

（1）原因与症状。运动中，身体某个部位受到直接或间接的暴力撞击时，造成骨折。例如，踢足球时，小腿易发生腓骨、胫骨骨折。摔倒时手臂直接触地，易发生尺骨、桡骨骨折等。其症状为患处即刻出现肿胀，皮下淤血，有剧烈疼痛，肢体失去正常功能，肌肉产生痉挛，有时骨折部位发生变形，移动时可以听到骨摩擦声。

（2）处理。若出现休克，则应该先进行处理，即点按伤者人中穴，并对其进行人工呼吸或心肺胸外按摩。若伴有伤口出血，则应该同时实施止血和包扎并及时将伤者送往医院治疗。

第六节　运动损伤与急救

一、急救的原则

急救是指对运动中突然发生的严重损伤进行紧急的初步的临时性处理，以减轻患者痛苦，预防并发症，为转送至医院进一步治疗创造条件。这对保护患者的生命安全具有十分重要的意义。

运动损伤的急救是一项极其重要的工作，如果处理不当，轻者加重损伤，导致感染，增加患者痛苦；重者致残，甚至危及生命。因此，施行急救必须及时、准确、合理、有效。

急救时必须遵循如下原则：

（1）对主要损伤进行急救。现场急救比较复杂，如果同时出现多种损伤时，必须对主要损伤进行急救。如出现休克，应先施行抗休克措施，即针刺伤者人中、内关穴并对其进行人工呼吸。如伴有出血时，应同时施行止血措施，然后再做其他损伤处理。

（2）分工明确，判断正确。急救人员必须分工明确，并具有高度的责任感和救死扶伤的崇高品德，要临危不惧、判断正确、有条不紊地抢救，要有熟练、正确的抢救技术和丰富的临场经验。

（3）急救时必须分秒必争，当机立断，切勿犹豫不决，延误时机。待抢救有效后，尽快将伤者送往医院，做进一步治疗。运送途中，应使患者保持平稳安静，消除其紧张情绪，必要时继续对患者进行人工呼吸。

二、急救的方法

（一）冷敷法

冷敷可以使得血管收缩，减少局部充血，降低组织温度，抑制神经感觉，因而有止血、止痛和减轻局部肿胀的作用。冷敷法常用于急性闭合性软组织损伤。最简单的方法是用冷水冲洗伤处后将冷毛巾敷于伤处，有条件的可以使用氯乙烷喷涂伤处。

（二）抬高伤肢法

抬高伤肢，可使得伤处血压降低，血流量减少，以达到减少出血的目的。在采用加压包扎后，仍应该注意抬高伤肢。

（三）压迫法

压迫法可以分为指压法、止血带法、包扎法等。其中，指压法包括直接指压法和间接指压法两种。

（1）直接指压法即用指肚直接压迫出血部位。但由于直接接触伤口，容易引起感染，所以最好敷上消毒纱巾后再进行直接指压。

（2）间接指压法即用指腹压迫在出血动脉近心端的血管处，如能压迫在相应的骨头上更好，以阻断血液，达到止血的目的。

（3）常用的止血带有皮管、皮带、布条、毛巾等。先将患者肢体抬高，再在患处上方缚扎止血带。缚扎时最好加垫干净纱布，以防缚扎太紧，造成肢体坏死，一般止血带缚扎时间不应超过 3 小时。

（4）包扎法主要是用绷带包扎伤处，包括环形包扎法、螺旋形包扎法、反折螺旋形包扎法、"8"字形包扎法等。

（四）溺水急救方法

溺水时，水通过口鼻进入肺内，造成呼吸道阻塞，或者因吸水的刺激，引起喉部肌肉痉挛，使气体不能进出，导致窒息或昏迷。

溺水的急救方法如下：将溺水者救上岸后，立即清除口腔内异物，并迅速倒水，但不要因过分强调倒水而延误抢救时机。

（1）立即对溺水者进行人工呼吸，若心跳已停止，应同时施行心脏胸外挤压。人工呼吸和心脏胸外挤压以 1∶4 的频率进行。抢救者之间应密切配合，进行积极而耐心的抢救，直到溺水者恢复自主呼吸和心跳为止。

（2）溺水者苏醒后，应立即将其送往医院，做进一步的检查和治疗。在送往医院途中，必要时继续进行人工呼吸。

知识链接　急救（医学术语）

急救，即紧急救治的意思，是指当有任何意外或急病发生时，施救者在医护人员到达前，按医学护理的原则，利用现场适用物资临时及适当地为伤病者进行的初步救援及护理，然后从速将伤病者送往医院。

第七节　运动性疾病与急救

运动中出现的异样身体感觉，有的是正常现象，有的则是属于运动性病理状态。它们往往是由准备活动不充分、运动方法不正确、锻炼水平不高或运动负荷超出肌体承受能力等原因所致的。由于这种现象具有突发性等特点，因此有必要运用医学知识，甚至采取力所能及的医疗手段进行自我诊断并及时加以处理，以避免不必要的精神紧张或防止更严重的身体损伤。

一、延迟性肌肉酸痛

（一）原因和症状

延迟性肌肉酸痛是运动时肌肉活动量过大而引起局部肌纤维及结缔组织的细微损伤，以及部分肌纤维的痉挛所致的。这种酸痛不是发生在运动结束后的即刻，而是发生在运动结束后的 1～2 天，因此被称为延迟性肌肉酸痛。由于这种酸痛现象只是局部肌纤维的细微损伤和痉挛，不影响整块肌肉的运动功能。所以，酸痛后经过肌肉内部对细微损伤的修复，肌肉组织会变得更加强壮，以后同样负荷时将不易再发生酸痛。

一般在运动后的 24 时之内出现肌肉僵硬、酸痛和自觉酸痛部位肿胀、有压痛等，多发生于双下肢主要伸、屈肌群，而肌肉远端和肌肉—肌腱移行处症状一般较重，严重者肌肉会发生疼痛，且以肌腹为主。24～48 时内，酸痛达到高峰，之后可自行缓解，5～7 天消失。

（二）处理

当出现肌肉酸痛后，可采用以下几种方法减轻和缓解酸痛。

（1）热敷。对酸痛的局部肌肉进行热敷，促进血液循环及代谢过程，有助于损伤组织的修复及痉挛的缓解。

（2）伸展练习。对酸痛局部进行静力牵张练习，保持伸展状态 2 分钟，休息 1 分钟，重复进行，有助于缓解痉挛。

（3）按摩。按摩能使得肌肉放松，促进血液循环，缓解肌肉痉挛和修复损伤。

（4）口服维生素 C。维生素 C 可促进结缔组织的胶原合成，有助于损伤的结缔组织的修复。

（5）针灸或电疗。针灸、电疗等对缓解肌肉酸痛也有一定作用。

（三）预防

锻炼时要充分做好准备活动，把握运动强度及运动负荷的递进性原则，根据自身的身体状况安排运动负荷，尽量避免局部肌肉负担过重。锻炼后要对主要运动的肌肉进行推拿、按摩。

二、运动性腹痛

运动性腹痛是指在运动过程中或运动结束后产生的腹部疼痛，是体育锻炼中常见的一种非创伤性运动疾病。运动性腹痛在中长距离跑、竞走和自行车等项目中发生较多，随着运动的调整或停止，腹痛症状可以得到逐步缓解并消失。

（一）病因和症状

胃肠痉挛。运动前饮食过量、空腹锻炼、饮食距离运动时间过近或吃了不易消化及容易产生气体的食物都可能引起胃肠痉挛，主要病症是钝痛、胀痛和阵发性绞痛。为了防止发生胃肠痉挛，应该在饮食后 1～2 小时才可以参加较剧烈的运动，且应该选用对胃肠刺激较小的食物和饮料。

肝脾区疼痛。肝痛出现在右肋处，脾痛出现在左肋处。一般是由于准备活动不足，运动开始强度较大，运动者心肌力量较差，从而引起下腔静脉血向心回流受阻，发生肝脾淤血，牵扯肝脾被膜而产生疼痛或胀痛。

腹直肌痉挛。由于大量排汗丧失盐分，水盐代谢失调，加上疲劳，会引起腹直肌痉挛。

腹部慢性疾病。慢性肝炎、阑尾炎、溃疡病及肠道寄生虫病等腹部慢性病患者参加剧烈活动时，会由于病变牵拉、振动或供血情况变化等刺激而产生疼痛。

（二）预防与处理

运动前应该做好准备活动，运动过程中注意要用深呼吸的方法和节奏来减轻疼痛感。患有各种腹部慢性疾病的患者应该彻底治愈疾病，或在医生、教师的指导下循序渐进地进行锻炼活动。发生腹痛时可以按压疼痛部位，进行深呼吸。例如，在运动过程中降低速度，调整运动强度，疼痛可以减轻或消失。如果疼痛仍然不减轻，反而加重，则应该停止运动并到医院进行诊断治疗。

三、运动性贫血

因运动而引起血红蛋白量减少，称为运动性贫血。

在我国，男性每 100mL 血液中的血红蛋白量低于 12g，女性每 100mL 血液中的血红蛋白量低于 10.5g，就可以判定为运动性贫血。由于贫血可以引起多种不良的生理反应且危及健康，所以这部分人常常恐惧体育锻炼，特别是长跑锻炼。

（一）病因和症状

运动性贫血发病的主要原因如下：

（1）运动时，肌肉对蛋白质和铁的需求量增加，一旦需求得不到满足时，便会引起运动性贫血。

（2）运动时，脾脏释放的溶血卵磷脂使得红细胞的脆性增加，加上剧烈运动时血流加速，容易引起红细胞破裂，致使红细胞的新生与衰亡之间的平衡遭到破坏，从而导致运动性贫血。

运动性贫血发病缓慢，其症状表现有头晕、恶心、呕吐、气喘、体力下降，以及运动后心悸、心率加快、脸色苍白等。

（二）处理

如果运动中（后）出现头晕、无力、恶心等现象时，应该适当减小运动量，必要时暂停运动，并补充富含蛋白质和铁的食物，口服硫酸亚铁，这对缺铁性贫血的治疗有明显效果。

（三）预防

遵循循序渐进和个别对待原则，调整膳食。如运动时经常有头晕现象时，应该及时到医院诊断医治，以利于正常参加体育锻炼。

四、运动性昏迷

（一）原因和症状

运动性昏迷是指由于剧烈运动或长时间运动，或疾跑后立即站立不动，或长时间下蹲后骤然站起，使大量血液滞留在下肢，回心血量减少，心脏输出血量也随之减少，使脑部突然缺血而发生昏迷。其症状为昏迷时，患者失去知觉，突然昏倒。昏倒前，感到全身软弱、头昏、耳鸣、眼前发黑。昏倒后，面色苍白、手足发凉、脉搏慢而弱、血压降低、呼吸缓慢。

（二）处理

发生运动性昏迷时应立即使患者平卧，脚部略高于头部，并由小腿向大腿、心脏方向进行推摩或拍击。同时用手指点压患者的人中、合谷等穴位，必要时让患者闻嗅氨水。如有呕吐，应将患者的头偏向一侧。如停止呼吸，应立即对患者进行人工呼吸。轻度休克者，应由同伴搀扶慢慢走一段时间，帮助其调整呼吸，症状即可消失。

（三）预防

平时要坚持体育锻炼，增强体质。久蹲后不能骤然起立，不要在带病或饥饿情况下参加运动，疾跑后不要立即停下来。只要遵循上述要求，运动性昏迷是可以避免的。

五、运动中暑

（一）原因及症状

中暑是发生在炎热季节的一种急性病，在高温环境中，长时间体育锻炼容易发生中暑。尤其在温度高、通风不良、头部缺乏保护、被烈日直接照射的情况下，最容易发病。主要症状是，中暑早期有头晕、头痛、呕吐等现象，逐步发展为体温升高、皮肤灼热干燥，严重时可能会出现精神失常、虚脱、痉挛、心律失常、血压下降，甚至昏迷，危及生命。

（二）处理

运动中暑时，首先将患者扶到阴凉通风处休息，同时采取降温消暑手段，如解开衣服，额部冷敷使头部降温，喝点清凉饮料，并补充生理盐水或葡萄糖生理盐水等。

（三）预防

在高温炎热季节锻炼时，应适当减少运动量和锻炼时间。避免在烈日下长时间锻炼。夏天在室外锻炼时，应该戴白色凉帽，穿宽敞薄衣。在室内锻炼时，应该保持通风良好并喝含盐的饮料。

六、肌肉痉挛

（一）原因和症状

肌肉痉挛俗称为抽筋，发病时肌肉不自主地突然性地强直收缩，并变得异常坚硬。运动中最容易发生痉挛的肌肉是小腿腓肠肌，其次是足底的屈拇肌和屈趾肌等。在剧烈运动过程中，由于肌肉快速连续性收缩，导致肌肉收缩与放松的协调被破坏，特别在局部肌肉处于疲劳时更容易发生肌肉痉挛。肌肉受到寒冷的刺激，或因情绪过于紧张、准备活动不够、肌肉猛力收缩或收缩与放松不协调的时候，都可能导致肌肉痉挛的发生。肌肉痉挛时，肌肉突然变得坚硬，疼痛难忍，而且不易缓解。

（二）处理

对痉挛部位的肌肉做牵引。例如，腓肠肌痉挛时，应伸直膝关节，并配合按摩、揉捏、叩打委中穴、承山穴、涌泉穴等，以促进痉挛缓解和消失。

（三）预防

运动前做好准备活动，对容易发生痉挛的肌肉可以事先进行按摩。夏季进行长时间运动时，要注意补充盐分；冬季锻炼时，要注意保暖。游泳下水前，应先用冷水淋浴，游泳时间不宜过长。疲劳或者饥饿时，不要进行剧烈运动。

第八节　体育运动中的自我监督

经常参加体育运动能使心脏机能显著提高，是增强体质、提高抗病能力的有效方法。而掌握适当的运动量则是体育锻炼的关键。运动量过小，不能起到锻炼身体的目的。运动量过大，则可能产生运动性伤病，甚至引起猝死。因此，学会体育运动中的自我监督，科学地安排体育运动，是预防运动性伤病的重要措施之一。

自我监督是指体育运动参加者采用简单易行的医学检查方法对自己的健康状况和身体反应进行观察。自我监督的内容包括主观感觉和客观检查两个方面。

一、主观感觉

（一）一般感觉

经常参加运动的人，精神饱满，心情愉快，全身无不适感，工作效率高。如果在运动中或运动后出现重度疲劳，身体某部分出现疼痛、胸闷、心悸、呼吸不畅，这是运动过度或身体有病的预兆。

（二）睡眠

充足的睡眠能迅速消除运动后的疲劳感。正常睡眠的表现是：入睡快，睡得深，醒后感觉身心清爽，夜间睡眠时间不少于 8 小时。如果运动量过大，则入睡慢，夜间易醒，多梦，睡眠时间短，醒后仍有疲劳感等，在大运动量锻炼初期或紧张比赛时间，偶尔有几天睡眠不良，属正常现象。

（三）食欲

由于大运动量锻炼，物质能量消耗较大，此时食量应当增加，食欲良好，如果运动后不想进食，食量减少，并在一定时期内不能恢复，则表明胃肠消化和吸收机能下降，可能与运动量过大或身体机能和健康状况不佳有关。

（四）排汗量

排汗的多少与气候冷热、运动量大小、衣服厚薄等有关，身体疲劳、机能状况不良及患病时参加运动，排汗量比平时增多。如果在相同情况下，排汗量比过去明显增多，特别是夜间睡眠时出大量冷汗，说明身体极度疲劳，也可能是内脏器官患病的征兆。

二、客观检查

（一）脉搏、呼吸、血压

运动量虽大，但机体能够适应时，脉搏数达到"负荷价值阈"，即 120 ～ 140 次 / 分钟，呼吸频率明显增加，收缩压升高，三项数值保持一定的平行关系。舒张压可能稍高或下降，但如果收缩压比较高，脉搏搏动有力，仍是正常反应。当运动量过大，超过机体的耐受力，每分钟脉搏数超过 140 次，脉搏、呼吸与收缩压之间失去平行关系。如：脉搏数和呼吸频率显著增加，收缩压升高不多，舒张压明显升高，脉压差小，脉搏搏动微弱等。测量晨脉对判断身体机能状况有重要意义，如果发现晨脉数比平时增多 12 次以上，则表明身体疲劳尚未消除或健康状况不良。

（二）体重

在体育锻炼时期，体重的变化有一定的规律。一般是，在锻炼初期，由于体内储存的脂肪被消耗掉一部分，体重有所下降，经过一段时期的锻炼后，由于肌肉重量增加，体重随之增加。过度疲劳、锻炼过度、饮食营养不足及患慢性消耗性疾病时，由于大量肌蛋白被消耗掉，体重可呈线性下降。因此在体育锻炼时期，定期测量体重（一周或半月一次），并将数值记下，对观察健康状况有重要意义。

（三）运动成绩

适当的运动量和正确的锻炼方法可使运动水平不断提高，处于过度疲劳状态或锻炼过度时，运动成绩反而会明显下降。

此外还应注意运动时的气候条件，尤其是高温环境对机体的影响。如果出现体温升高、头昏、头痛、烦躁、心慌、全身乏力、口渴舌干、恶心、呕吐、大量出汗等中暑先兆的表现，应迅速离开热环境，到阴凉处休息，喝些清凉饮料，口服十滴水或藿香正气水等，如状况仍不好转，则应去医院治疗。

体育运动中的自我监督，方法简便，易于普及，每个体育运动参加者都应学会这一方法，在体育运动中通过对自身进行动态观察，来掌握适当的运动量，从而达到预防运动伤病、增强体质的目的。

知识链接　脉搏（动脉搏动）

脉搏（Pulse）为人体表可触摸到的动脉搏动。人体循环系统由心脏、血管、血液所组成，负责人体氧气、二氧化碳、养分及废物的运送。血液经由心脏的左心室收缩而挤压流入主动脉，随即传递到全身动脉。动脉为富有弹性的结缔组织与肌肉所形成的管路。当大量血液进入动脉将使动脉压力变大而使管径扩张，在体表较浅处动脉即可感受到此扩张，即所谓的脉搏。

正常人的脉搏和心跳是一致的。正常成年人心率为 60～100 次 / 分钟，通常为 70～80 次 / 分钟，平均约 72 次 / 分钟。老年人心率较慢，为 55～60 次 / 分钟。脉搏的频率受年龄和性别的影响，胎儿的心率为每分钟 110～160 次，婴儿的心率为每分钟 120～140 次，幼儿的心率为每分钟 90～100 次，学龄期儿童的心率为每分钟 80～90 次。

第三章
大学生心理健康

第一节　大学生心理健康概述

一、心理健康的含义

心理健康的基本含义是，心理的各个方面及活动过程处于一种良好或正常的状态。心理健康的理想状态是保持性格完美、智力正常、认知正确、情感适当、意志合理、态度积极、行为恰当、适应良好的状态。与心理健康相对应的是心理亚健康及心理病态。

心理健康，是现代人健康不可分割的重要方面。人的生理健康是有标准的，一个人的心理健康也是有标准的。不过，人的心理健康标准不及人的生理健康标准具体与客观。了解与掌握心理健康的定义对于增强与维护人们的心理健康有很重要的意义。人们掌握了衡量人的心理健康标准，就可以以此为依据对照自己，进行心理健康的自我诊断。如果发现自己心理状况的某个或某几个方面与心理健康标准有一定距离，就有针对性地加强心理锻炼，以期达到心理健康水平。如果发现自己的心理状态严重地偏离心理健康标准，就要及时地求医，以便早诊断、早治疗。

心理健康是指一种持续且积极发展的心理状态，在这种状态下，主体能做出良好的适应，并且充分发挥其身心潜能。

二、大学生心理健康的意义

目前，在校大学生年龄一般在 18 ～ 24 岁之间。这个年龄段正是心理各要素逐渐成熟的重要时期，自我意识、独立人格、价值体系日趋完善。同时，大学生的整体心理机能尚未完全成熟，自我控制和自我调节能力还不强，所以面临现实困境，诸如学习、考试、交友、爱情等问题时，往往会茫然不知所从，情绪波动很大，心理容易失衡。

这种不良状态如不能及时得到排解，就会引起心理体验的不适应、焦虑和紧张，长久积累容易导致心理疾病及生理病症。

（一）心理健康可以促进大学生全面发展

心理健康可以促进大学生全面发展健康的心理品质，是大学生发展的基本要求，也是将来走向社会，在工作岗位上发挥智力水平、积极从事社会活动和不断向更高层次发展的重要条件。充分认识德、智、体、美、劳等方面的全面发展，是以健康的心理品质作为基础的，一个人的心理健康状态直接影响和制约着其全面发展的实现。

（二）心理健康可以使大学生克服依赖心理

大学生经过努力拼搏和激烈竞争，告别了中学时代、跨入了大学时代，进入了一个全新的生活天地。大学生必须从靠父母转向靠自己。上大学前，在他们想象中的大学犹如"天堂"一般，浪漫奇特，美妙无比。上大学后，紧张的学习氛围，严格的纪律约束，独立的生活环境，往往会使他们难以适应。因此，大学生必须注重心理健康，尽快地克服依赖性，增强独立性，积极主动适应大学生活，度过充实而有意义的大学时代。

（三）心理健康是大学生取得事业成功的坚实心理基础

目前，我国大学毕业生的就业压力较大，择业的竞争激烈。面对新形势，大学生要注意保持心理健康，培养自立、自强、自律的良好心理素质，锻炼自己的社会交往能力，使自己在变幻复杂的社会环境中做出适宜自己角色的正确抉择，敢于面对困难、挫折与挑战，追求更完美的人格，为事业成功奠定坚实的心理基础。

（四）心理健康利于大学生培养健康的个性心理

大学生的个性心理特征，是指他们在心理上和行为上经常、稳定地表现出来的各种特征，通常表现为气质和性格两个主要方面。气质主要是指情绪反映的特征。性格除了气质所包含的特征外，还包括意志反映的特征。当代大学生的心理特征普遍表现为思想活跃、善于独立思考、参与意识较强、朝气蓬勃的精神状态等，这些都有利于大学生的健康成长。

三、增进大学生心理健康的途径和方法

（一）培养良好的人格品质

良好的人格品质，首先应该正确认识自我，培养悦纳自我的态度，扬长避短，不断完善自己；其次应该提高对挫折的承受能力，对挫折有正确的认识，在挫折面前不惊慌失措，采取理智的应付方法，化消极因素为积极因素。挫折承受能力的高低与个人的思想境界、对挫折的主观判断、挫折体验等有关。提高挫折承受能力应努力提高自身的思想境界，树立科学的人生观，积极参加各类实践活动，丰富人生经验。

（二）养成科学的生活方式

生活方式对心理健康的影响已为科学研究所证明。健康的生活方式指生活有规律、劳逸结合、科学用脑、坚持体育锻炼、少饮酒、不吸烟、讲究卫生等。大学生的学习负担较重，心理压力较大，为了长期保持学习效率，必须科学地安排好每天的学习、锻炼、休息，使生活有规律。学会科学用脑就是要勤用脑、合理用脑、适时用脑，避免用脑过度引起神经衰弱，使思维、记忆能力减退。

（三）加强自我心理调节

自我调节的核心内容包括调整认识结构、情绪状态，锻炼意志品质，改善适应能力等。大学生处于青年期，青年期的突出特点是人的性生理在经历了从萌发到成熟的过渡之后，逐渐进入活跃状态。从心理发展的意义上说，这个阶段是人生的"多事之秋"。这是因为，经验的缺乏和知识的不足导致了这个时期人的心理发展的某些方面落后于生理机能的成长速度。因而，在其发展过程中难免会发生许多尴尬、困惑、烦恼和苦闷。例如，父母下岗、家庭生活发生变故、学习成绩不佳、交友失败、失恋等。这些心理问题如果总是挥之不去，日积月累，就有可能成为心理障碍而影响学习和生活。让大学生正视现实，学会自我调节，进行自我调节，充分发挥主观能动性去改造环境，努力实现自己的理想目标。

（四）积极参加业余活动，发展社会交往

丰富多彩的业余活动不仅丰富了大学生的生活，而且为大学生的健康发展提供了课堂以外的机会。大学生应培养多种兴趣，发展业余爱好，通过参加各种课余活动，发挥潜能，振奋精神，缓解紧张情绪，维护身心健康。通过社会交往才能实现思想交流和信息共享。发展社会交往可以不断地丰富和激活人们的内心世界，有利于心理健康。

（五）求助心理老师或心理咨询机构，获得心理健康知识

心理老师具备较丰富的理论功底和生活实践经验，对大学生所面临的心理问题有良好的解答方式和处理技巧。大学生在必要时可以求助于有丰富经验的心理咨询医生或长期从事心理咨询的专业人员和心理老师。心理咨询兼有心理预防和心理治疗功能，通过心理咨询，可以为咨询对象创设一个良好的社会心理环境和条件，提高其精神生活质量和心理效能水平，以实现降低和减少心理障碍、防止精神疾病、保障心理健康的目的。

总之，大学生要做到心理健康，身心健康是关系到成才的头等大事。只要将健康的心理素质和健康的生理素质相结合，加之其他积极因素的相互作用，大学生成才就有了可靠的内在条件。

第二节　体育活动对心理健康的作用

一、体育活动有助于改善情绪状态

体育活动是改善情绪状态的重要手段之一，体育活动的情绪效应有短期和长期两种。体育活动参与者在锻炼后能体验到运动愉快感，即满足、愉悦、舒畅的感觉。体育活动是使中枢神经系统得到适度激活并达到愉快水平的重要途径。适度负荷的体育活动能促使人体释放内啡肽，这种物质能使人们在运动后直接感受到舒适愉快的心情。

二、体育活动可增强神经系统功能

体育活动可以促进大脑的开发与利用，增强神经系统的功能。经常参加体育活动，不仅可以使神经系统的兴奋和抑制过程更加集中，还可以使其对身体内外刺激的反应更加迅速和准确，为智力的发展奠定物质基础。另外，体育活动还可以促进神经系统功能的增强。例如，一般人从感受到信号（如见到光或听到声音）到立即做出反应的时间需要 0.3～0.5 秒，而经常从事体育活动的人只需要 0.12～0.15 秒。

三、体育活动可缓解心理压力

体育活动具有一定的宣泄功能。人们在进行体育活动时可以释放内心的压抑，忘却烦恼，同时也能给自己带来身心上的愉悦，加之运动能使身体发热、出汗，这都有助于心理压力的缓解。经常参加体育锻炼可以降低肾上腺素受体的数目或敏感性，起到降低心率和

血压的效果。

四、体育锻炼能促进人际交往

体育活动尤其是集体活动，让不同职业、年龄、性别的人相聚在运动场上，进行平等、友好、和谐地锻炼与比赛，使人们互相之间产生亲近感。他们不必用语言，有时只需要通过一个手势、几个动作就可以直接或间接地信息沟通，交流心声，自觉或不自觉地互相产生一种情感。人们可以通过体育活动来拓宽交际范围，结识更多的朋友，克服孤独和寂寞感，培养合作性，增强社会交往能力。

五、体育活动能促进意志品质的培养

体育活动的特点在于需要不断克服客观困难（如气候条件变化、动作难度等）和主观困难（如胆怯、畏惧和紧张等）。通过参与需要默契配合的球类项目（如足球、篮球、排球、手球等），可以使锻炼者更加果断；通过参与需要克服生理极限、持久性的项目（如长跑、游泳等），可以使锻炼者的意志更加坚韧；通过参与需要腾空、跨越障碍的项目（如跳高、跨栏、体操、武术等），可以使锻炼者更加勇敢。锻炼者越能努力克服主、客观方面的困难，也就越能培养出良好的意志品质。

六、体育活动有助于缓解大脑疲劳

参加体育活动，有助于缓解脑力劳动所产生的疲劳，从而提高学习文化知识的效率。另外，大学生体质的增强和心理健康水平的提高，又使他们的精力更加充沛，具有持久地承担文化学习任务的能力，并能充分挖掘与开发学习潜力。

第三节　增进心理健康的运动处方

运动处方是指锻炼者为了获得最大的心理效应而制订的锻炼计划，计划内容主要包括锻炼的种类、频率、强度、次数、持续时间等。身体锻炼对心理健康的效应与身体锻炼的类型，运动负荷的大小，锻炼者的年龄、基础健康状况和性格特征等有着密切的关系。因此，应该因人制宜地开具运动处方，这样才有可能使身体锻炼取得最大的心理效益。

一、矫正不同心理问题的运动处方

（一）矫正时常焦虑、性情暴躁的运动处方

有的人因为一点小事就可以引起极大的焦虑反应，做事不冷静、性情暴躁。对有这样性格特点的人，可以选择太极拳、长距离慢跑、健身走、保龄球、台球、掷飞镖、下棋、定点投篮等活动，这些项目要求精神集中、意志专一，可以加强对神经系统的训练，提高神经系统的主导地位和调节功能。人在完成这些项目后会感到轻松愉快、心情开朗。

（二）矫正不自信心理的运动处方

不自信的关键是心理素质不高，矫正的方法是参与对心理素质要求较高的体育运动项目，如武术、健美操、体操、游泳、摔跤、滑冰、滑雪等，这些项目都具有表演性和挑战性，参与此类运动，要不断克服胆怯心理，大胆表现，勇于接受挑战，克服困难，完成一次次自我超越。

（三）解除疲劳、调节睡眠的运动处方

经常感到疲劳、睡眠质量差等问题在当代大学生中较为常见，在矫正此类心理健康问题时，要注重选择一些集心理、技能、情感于一体的体育运动，如有氧运动和以肌肉力量练习为主的运动（如跳绳、俯卧撑、广播操、跑步等）。人们在参与这类运动项目时，可以宣泄不良情绪，消除心理紧张，调节心理状态，维持心理平衡。通过这类运动，人们可以改善性格，消除疲劳。另外，此类运动还可以让大脑得到充分的休息，改善睡眠，提高工作和学习的效率。

（四）矫正孤僻和自闭倾向的运动处方

矫正孤僻和自闭倾向等心理问题时，可以选择一些集体性项目，如篮球、游戏、接力跑、足球、排球、拔河等项目。这类项目要求同伴之间配合默契，每个人都应具备较好地与他人协同作战的心理素质。参与这类运动，人们会认识到集体的力量胜过个人的力量。实践证明这类运动可以帮助人们改变孤僻、不合群的心理特点。

（五）矫正优柔寡断的运动处方

在我们周围，不少人遇事常犹豫不决，做起事来不够果断，结果往往是浪费了宝贵的机会和时间，影响学习与工作的效率。有这种心理倾向的人可以参加羽毛球、乒乓球、网球、跨栏、跳高、跳远等运动项目，这些项目都要求参与者快速做出决断和反应，任何犹豫和徘徊都将延误最佳时机。经常练习这些项目，能使人们果断、自信、机敏。

（六）矫正竞争勇气的运动处方

社会竞争日趋激烈，缺少竞争勇气的人不能在日新月异的社会里紧跟时代的步伐，从而无法融入社会大家庭。有这类心理倾向的人可以选择散打、拳击、摔跤等对抗性项目，以能增加勇气，培养竞争意识。

二、运动处方的实施过程及模式

运动处方的实施过程常采用"六步法"。

（一）咨询与测试

通过心理咨询或简易心理测试，弄清楚锻炼者的健康状况和性格特征，为进一步开具运动处方做准备。

（二）比较分析

对第一步得到的结果和数据进行处理，分清主次问题，并进行定性和定量分析。一般来说，以上两步均可由学校的心理咨询部门或心理教师来完成。

（三）开具处方

根据第二步分析出来的结果，选择合理的运动项目。要充分考虑锻炼者的生理特点与心理倾向。同样的练习对不同心理适应程度的锻炼者会产生不同的效果。

（四）处方的实施

要求锻炼者严格按照运动处方要求开展运动。

（五）再测试与数据分析

在锻炼者按照运动处方运动一段时间（一般是六周至八周）后，再次对其进行心理测验，来检测处方的初步效果。

（六）调整处方

将第二次测试后的结果与原始结果进行比较，对运动处方进行及时调整，尽可能使锻炼者保持良好的情绪，以积极的态度、主动的精神参与锻炼，把规定与自愿结合起来，促进他们心理的进一步完善。

第四章
大学生身体素质

为建立健全国家学生体质健康监测评价机制，激励学生积极参加身体锻炼，教育部印发《国家学生体质健康标准（2014年修订）》，要求各学校每学年开展覆盖本校各年级学生的测试工作。本章侧重于对身体素质中跑、跳基础运动动作要领和训练方法的讲解，是田径运动中最基本的部分。

第一节　基本运动——跑

跑是人体最基本的运动方式，可分为慢跑和快速跑、障碍跑、集体跑等。

"慢跑"是田径健身运动中最常见的方式，坚持有规律的慢跑锻炼可以给人体的呼吸、循环系统以及运动系统以良性的刺激，有助于提高人的耐力，保持良好的身体机能，因而具有较高的锻炼价值。慢跑几乎不需要任何设施，因而极易普及。

快速跑一般需在田径场跑道上进行。健身性快速跑练习多为各种游戏和接力赛跑，以提高练习者的兴趣。

障碍跑是训练人在跑的过程中跨越、绕过、钻过障碍物能力的一种运动方式，典型的障碍跑项目是"跨栏"，障碍跑在健身运动中并不多见。

集体跑是一种集体参与、相互协作的运动方式。集体跑既可以是训练速度性质的快速跑，也可以是训练耐力素质的长跑，可使参与者体验在集体中合作的乐趣，从而提高对体育锻炼的兴趣。常见形式的有短跑中的接力跑和长跑中的团体赛等。

跑步时，全身的肌肉都能参加工作，可加速物质代谢，增强心血管、呼吸和其他系统的能力；有机协调各器官和各系统的机能，有效地训练速度、耐力、力量并培养坚强的意志。

第二节　短跑

短路属于极限强度运动，主要靠无氧代谢供能。百米跑是短跑中最典型运动项目。从事短跑运动能提高身体无氧代谢能力，改善神经系统和肌肉对偏酸环境的耐受能力，提升参与者的速度、力量和灵敏性。

短跑的全程技术分为起跑、起跑后的加速跑、途中跑和终点跑四个部分。短跑成绩是出由起跑的反应速度、起跑后的加速跑能力、保持最高跑速的时间和距离以及各部分技术完成的质量共同决定的。

一、起跑器及其使用方法

起跑的任务是获得向前冲力，使身体摆脱静止状态，获得积极的蹬伸动力及向前最大初速度，从而为起跑后获得加速度创造条件。目前，传统的蹲踞式起跑器的安装方式分为三种，即普通式、拉长式和接近式。

1. 普通式

这种起跑器安装方式适合绝大多数人，将前起跑器安装在起跑线后一脚半距离（约40～45厘米）处，后起跑器距离前起跑一脚半；前、后起跑器的支撑面与地面分别成40～45度角和70～80度角；两个起跑器中轴线的间隔约为15厘米。

2. 拉长式

将前起跑器安装在起跑线后两脚距离的地方，后起跑器距离前起跑器一脚到一脚半距离，这种起跑器安装方式适合个子较高的运动员。

3. 接近式

将前起跑器安装在距离起跑线一脚的距离的地方，后起跑器距离前起跑器一脚距离。这种起跑器安装方式适合腿部肌肉力量较发达、个子较小的运动员。

尽量将蹬板调整到自己舒服且便于起跑的角度（60～80度）。调整支撑腿和蹬板腿的间距，一般以支撑腿脚跟对齐蹬板腿膝盖为宜。起跑时身体向前倾斜45～65度，倾斜角度过小，不利于起跑发力，倾斜角度过大，会因为身体过分倾斜而摔倒。起跑时双手摆放于支撑腿膝盖前15厘米左右的地方，双手间的距离略大于两肩宽度。

二、短跑的技术动作要领

（一）起跑技术动作要领

比赛中常采用的蹲踞式起跑，有运动员上道、各就位、预备、鸣枪（哨声）四个口令。

（1）当听到运动员上道时，运动员走到自己的比赛跑道上调整好起跑器。

（2）听到各就位的口令时，运动员做好蹲踞姿势。

（3）听到预备的口令时，运动员慢慢提起自己的臀部，重心前移，左脚大腿与小腿间成110度夹角。眼睛看起跑线前方1.5米处，同时深深地吸一口气。

（4）听到鸣枪或者哨声时，运动员两脚迅速用力蹬离起跑器，先跨左脚（步幅不宜过大），同时加速跑出。

在大型赛事的短跑比赛中，赛道起点均安装有电子起跑器，电子起跑器可以记录运动员起跑时刻，以判断运动员是否抢跑。

（二）加速跑技术动作要领

起跑后的加速跑是从蹬离起跑器到途中跑开始的一个跑段，一般约为30米距离（优秀运动员略长）。它的任务是尽快加速达到自己的最高速度。加速跑的动作要领是：

（1）起跑后第一步落地不要有停顿或跳动的现象。

（2）后蹬要用力，摆动腿积极前摆并保持下压。

（3）前脚掌撑地，两臂配合双腿快速前后摆动。

（4）注意将身体慢慢抬起，保持前倾。

（三）终点跑技术动作要领

（1）采用冲刺技术。在接近终点线的几步，身体逐渐前倾，最后一步加大前倾，用胸部或肩部加速"鞭打"终点线做冲刺动作。

（2）直接跑过去。把终点定在终点线后 6～8 米处，保持高速跑过终点，避免减速冲刺。切记要尽全力跑过终点后再放松。此外，终点冲刺跑还要注意安全，即冲刺后要在自己的跑道上继续跑，以免与其他运动员发生碰撞。

三、短跑过程中的易犯错误

（一）起跑阶段易犯错误

（1）不能注意力集中地听起跑发令，导致起跑慢。
（2）第一步跨出太大，导致第一步跑出后出现短暂停顿。

（二）加速跑阶段易犯错误

（1）两臂同时向后摆动，身体重心不稳。
（2）加速跑时上体抬起得太快，摆臂无力。

（三）途中跑阶段易犯错误

（1）身体重心过于靠后，形成"坐着跑"的姿势。
（2）跑的动作幅度小，步长太小。
（3）摆臂动作紧张或将前后摆臂动作变成左右摆臂动作。
（4）没有沿着直线跑。

（四）冲刺跑阶段易犯错误

没有到终点就开始减速，应冲过终点后再开始减速。

四、50 米跑

50 米跑是学生体测的考试项目，主要衡量的是学生的速度、爆发力及反应能力，要想提高成绩，首先要掌握良好的跑步技术，而良好的跑步技术必须通过一系列的练习才能实现。

（一）50 米跑起跑动作要领

50 米跑多采用站立式起跑姿势，有各就位、预备、鸣枪（哨声）三个口令。50 米跑的起跑动作要领：
（1）预备时，双脚前后开立，惯用脚在前，两脚前后间距约为一脚的距离，左右间距是与肩同宽或微比肩宽。
（2）屈膝降重心，身体微前倾，若右脚在前，则左侧臂屈肘在前，右侧臂屈肘于身后；若左脚在前，则动作相反。
（3）听到起跑口令时，需两脚用力蹬地，迅速前冲出去，起跑后注意不要突然抬头或提高重心。
50 米跑的起跑动作如图 4-2-1 所示。

准备　　　各就位　　　预备

图 4-2-1　50 米跑起跑动作示意图

（二）50 米跑过程中的注意事项

（1）跑的动作要平稳、重心起伏不宜过大。

（2）上、下肢动作配合协调，上肢摆臂积极有力并能做到"前不露肘后不露手"，下肢蹬摆结合、以摆促蹬。

（3）全程有良好的节奏感，跑的过程中要保持放松状态并能充分打开髋关节。

（4）在前 20 米要保持身体的前倾。

第三节　中长跑

中长跑是中距离跑和长跑离跑的合称。经常从事中长跑练习，能改善呼吸和心血管系统的功能，培养克服困难的顽强意志品质。由于中长跑不受年龄、性别、场地、器材等条件的限制，近年来备受追捧，成为社会各阶层人民锻炼身体的重要手段。中距离跑主要包括 800 米跑和 1500 米跑两个项目；长距离跑主要包括 5000 米跑和 10000 米跑两个项目，还包括马拉松和 3000 米障碍赛等项目。中距离跑对运动员有特殊的素质上的要求，既要有短跑选手的爆发力和速度，又要有长跑选手的耐力。

一、中长跑技术

（一）起跑

1. 站立式起跑

运动员听到"各就位"口令后迅速走到指定起跑线后，双脚前后站立，有力的脚在前，双脚前后相距约一脚距离，双脚左右相距约 10～15 厘米。降低身体重心，前脚掌支撑身体体重，身体前倾、屈髋、屈膝，后脚前足掌撑地。两臂自然下垂，或一臂在前、另一臂在后。眼睛看着前方，身体保持稳定，全神贯注，集中注意力听发令。站立式起跑姿势如图 4-3-1 所示。

图 4-3-1　站立式起跑姿势

听到发令后，两脚迅速向后蹬地，两臂配合下肢动作做快速、有力的摆动，使身体迅速向前跑出，在短时间用较快的跑速，然后进入匀速且有节奏的途中跑。

2. 半蹲式起跑

半蹲式起跑近似于蹲踞式起跑，双臂撑地，身体重心前移，用于获得较大前冲力，发挥速度优势。800 米跑通常采用半蹲式起跑方式。

（二）途中跑

在中长跑的途中跑阶段，身体尽量放松，微微前倾，与地面的角度大概是 80 ～ 85 度。跑步过程中要注意抬头收腹，双手自然配合脚步运动，减少身体左右晃动，避免消耗能量。在 800 米跑和 1000 米跑的后半程，体内乳酸增多、身体处于疲劳状态，速度自然会下降。这时要加强腿部蹬、摆动作的配合，增大上肢摆臂幅度，以保持技术动作不变形，达到提高后半程速度的目的。

在中长跑途中过弯时，摆臂的动作可以帮助运动员增加离心力。右臂向前摆动时，右手的位置应向左接近身体中线，有时可以适当超过身体中线一点；右臂向后摆动时，右肘可以向右斜后方摆出，但摆臂动作不要过大，以免影响重心位置。左臂摆动幅度要比右臂小些，左臂向后摆动时肘部要紧贴躯干部。这样摆动，两臂可以很好地协调起来，有助于身体向前加速。两臂摆动时，肩部要自然放松，左肩略低于右肩。中长跑途中过弯时，两腿的姿势也是至关重要的，右腿前摆时，膝盖应稍向内扣一些，不要向外撇，以免影响向前的速度，右膝内扣的同时，右脚也应以前脚掌内侧先落地，左膝同时稍向左撇一些，左脚以前脚掌外侧的无名指和小趾部先着地。

（三）终点跑

终点跑是决定比赛胜负的关键。启动冲刺的时间和距离，要根据比赛项目和运动员的水平、运用的战术要求、临场情况等因素决定。一般情况下，800 米跑可在最后 200 ～ 250 米距离开始加速，1000 米跑可在最后 200 ～ 300 米距离开始加速。速度占优势的运动员，可采取紧跟的方法，待进入最后 100 米直道时再开始做最后冲刺，一举超越对手。

（四）呼吸法

在进行中长跑时，呼吸必须保持一定的频率和深度，还必须与跑的节奏配合。一般是跑2～3步一呼气，再跑2～3步一吸气，随着速度的增加和疲劳的出现，呼吸的频率会有所加快，此刻应着重将气呼出，只有充分呼出二氧化碳才能吸进更多的氧气。

1. 呼吸节奏

在跑步过程中，将一个呼吸周期里面跑了多少步称为呼吸节奏。呼吸节奏因人而异，通常为2～3步。而且在跑步不同阶段时的呼吸节奏是不一样的，比如刚开始跑的时候呼吸节奏为3步，跑到最后的时候呼吸节奏就可能变为2步。要注意的是，要在自己习惯的呼吸节奏基础上不断进行调整，力争在不同的阶段都能把控自己的呼吸节奏。

2. 呼吸方式

全程采用鼻子吸气。只有当呼吸极为急促的时候，才能半张开嘴与鼻子相结合向外呼气，原则上不能用嘴吸气。呼吸节奏与呼吸方式选择不当会造成运动性腹痛、岔气等。

二、中长跑训练方法

（一）时间间歇训练法

时间间歇训练法是指在完成一次或者一组训练之后，间隔一段时间，在身体没有完全恢复的条件下，开展下一次或者下一组训练的方法。该方法主要是通过对时间间隔的严格控制，增强学生的心脏功能。

（二）循环训练法

循环训练法是指将训练拆分成若干项练习，训练者根据教练员指定的顺序与要求，依次完成每一项训练任务的方法。在小路、草地或者田径跑道上均可使用循环训练法，该方法主要是对训练者的速度与冲刺进行训练。

（三）负重跑训练法

负重跑训练法主要适用于一些训练水平较高的训练者，负重的重量也要根据训练者的实际情况进行调整。在保证技术动作规范与节奏稳定的基础上，可以增加负重。

（四）克服自身重力训练法

跨步跳、单腿跳、蛙跳、跑楼梯等都属于克服自身重力训练法，非常简便。在进行训练的时候，一定要注意保护膝关节、踝关节，不要带伤训练，以免伤上加伤，同时注意动作要领，保证动作的规范性。

第四节 立定跳远

立定跳远是增强下肢爆发力与弹跳力的运动项目。它要求下肢与髋部肌肉协调用力，并与上肢的摆动相配合，所以它也需要一定的灵巧性。立定跳远具有简便易行的特点，有平地就能进行练习。

起跳前两腿稍分，膝微屈，身体前倾，然后两臂自然前后预摆两次，两腿随着屈伸，当两臂从后方向前上方做有力摆动时，两脚用前脚掌迅速蹬地，膝关节充分蹬直的同时展髋向前跳起，身体尽量前送，过腾空最高点后屈膝、收腹、小腿前伸，两臂自上向下向后摆动，落地时脚跟先着地，落地后屈膝缓冲，上体前倾。要提高立定跳远成绩，提高力量是基础，特别是要提高膝、踝、髋三个关节的协调用力及爆发用力的能力。

一、立定跳远技术动作要领

（一）动作要领

（1）预摆。两脚左右开立，与肩同宽，两臂前后摆动，前摆时，两腿伸直，后摆时，屈膝降低重心，上体稍前倾，手尽量往后摆。

（2）起跳腾空。两脚快速用力蹬地，同时两臂稍曲由后方往前上方摆动，向前上方跳起腾空，并充分展体。

（3）落地缓冲。收腹举腿，小腿往前伸，同时双臂用力往后摆动，并屈膝落地缓冲。

立定跳远的动作如图4-4-1所示。

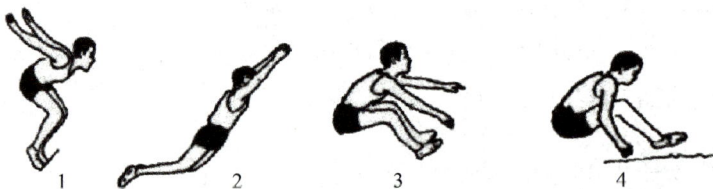

图4-4-1　立定跳远动作示意图

二、影响立定跳远成绩的因素

（一）力量因素

立定跳远对下肢肌群的爆发用力能力和踝关节的力量提出了较高的要求，立定跳远的最后用力点在前脚掌，需要踝关节提供高强度支撑。

（二）协调用力能力

协调用力能力是指骨盆肌群与下肢肌群协调用力的能力。协调用力正确的标志是髋、膝、踝三关节能迅速有力地蹬直，上肢能做出协调的摆动，起到带、领、提、拉的作用。

（三）手臂的摆动

立定跳远必须配合手臂摆动，摆幅越大，带、领、提、拉的作用越强。摆臂时勿必保证手臂伸直。

三、立定跳远时的易犯错误

（一）预摆动作不协调

解决办法：反复练习前摆直腿和后摆屈膝的动作，由慢到快。

（二）屈膝动作不协调

解决办法：反复练习屈膝动作。

（三）腾空过高或过低

解决办法：以高度和远度适宜的标志线为参照物，来纠正腾空高度。

（四）收腿过慢或不充分

解决办法：反复做收腹跳练习，注重尽量将大腿往胸部靠。

（五）落地不稳

解决办法：多做近距离的起跳和落地动作，配合手臂的摆动。可向上跳起后，用前脚掌落地缓冲，注重体会落地缓冲的过程。

第五章

大球运动项目

第一节　篮球

一、篮球运动概述

篮球运动是一项集体性球类运动项目。在全世界范围经常举行世界性、地区性的篮球赛事，它已成为最受人们所喜爱的竞技运动项目之一。

（一）篮球运动的起源与发展

篮球运动是在 1891 年由美国马萨诸塞州斯普林菲尔德市基督教青年会国际训练学校体育教师詹姆斯·奈史密斯借鉴其它球类运动项目设计发明的。起初，他将两只装桃子的篮子钉在健身房内看台的栏杆上，篮子上沿离地面约 3.05 米，任何一方在获球后，利用传递、运球将球向篮子内投掷，投球入篮得一分，按得分多少决定比赛胜负。

随着篮球运动在美国国内的推广与开展，场地、器材也不断改进。逐渐形成近似现代的篮板、篮圈和篮网。由于篮球运动是一项室内、富有吸引力的新颖的运动项目，不仅在美国国内得到很快的发展，而且也相继传播到欧洲、亚洲、南美洲等一些国家。1904 年，美国青年会男子篮球队在第三届奥运会上进行了表演赛。此后，篮球运动逐步在各大洲开展起来。1932 年在瑞士日内瓦成立了国际业余篮球联合会，并正式出版了第一本国际篮球规则。1936 年第十一届奥运会将男子篮球列入正式比赛项目，篮球运动登上了国际竞技运动舞台，成为一项世界性的运动项目。

（二）篮球运动的特点、功能及作用

1. 篮球运动的特点

篮球运动有自己的竞赛规则，对比赛方法、队员行为以及比赛的时间、空间等都有具体的规定。队员要熟悉规则、利用规则。篮球运动是由各种各样的跑、跳、投等基本技能为技术动作，以积极争夺控球权为手段，以投篮为目的进行的运动。篮球比赛的双方队员既是同场竞技，又是攻守交错，多在两边篮下有限的地面和空间展开激烈的争夺。因此，篮球技战术的运用具有复杂性和多变性，队员需要具备随机应变的能力。综上所述，将篮球运动的特点概括如下：

（1）对抗性。篮球运动需要参与者快速奔跑、突然与连续起跳、反应敏捷，有力量抗衡。

（2）集体性。篮球运动不仅要求运动员具有技战术能力，以及在比赛中表现出的智慧、胆略、意志、活力与创造力，还要求运动员具备勇敢顽强的斗志和团结协作的精神。

（3）观赏性。篮球比赛中，可以欣赏到娴熟的运球、巧妙的传球、精准的投篮、机智的抢断、精彩的扣篮和出奇的封盖，再加上攻守交错、对抗变换，比赛双方斗智斗勇，使得球场上的形势变化富有戏剧性，带给观众心理上的满足感和愉悦感。

（4）趣味性。篮球运动简单易行，趣味性很强，能吸引人们积极参与，以达到活跃身心、健身强体的目的，进而提高社会的文明氛围，充实人们的业余文化生活。

（5）健身性。人们通过参与篮球运动，既可以强身健体，又可以在自信心、审美情趣、意志力、进取心、自我约束能力等方面得到很好的发展，还有利于培养团结合作、尊重对手、公平竞争的道德品质。

2.篮球运动的功能及作用

（1）篮球运动能培养参与者团结友爱的集体荣誉感、严格的组织纪律性、顽强的意志品质、积极拼搏的精神。

（2）参与篮球运动的教学、训练和比赛，对提高参与者神经中枢的灵活性及其协调支配能力、改善参与者内脏器官的功能，都有良好的作用。

（3）参与篮球运动能促进参与者力量、速度、耐力、灵敏等身体素质的全面发展，同时，对提高参与者分配和集中注意的能力，也起着很好的作用。

（4）篮球运动具有较大的吸引力，参与者不受年龄、性别的限制，它既能增强体质、促进健康，又能丰富人们的业余文化生活，从而提高劳动、工作和学习的效率，振奋民族精神。

（5）篮球运动对增进友谊、加强国际友好交往、加深各国人民之间的了解等方面都有着积极的意义。

二、篮球基本技术

篮球技术是篮球战术的基础，根据其在比赛中的目的、任务可分为进攻技术和防守技术。进攻技术包括传接球、投篮、运球、持球突破等；防守技术包括盯人、抢球、盖帽、断球等；进攻技术和防守技术中都包括移动、抢篮板球。

（一）移动

移动是篮球技术的基础。

进攻时移动，是为了摆脱防守去接球、抢占有利位置，牵制对手，或是为了合理而迅速完成运球、传球、突破、投篮等各种进攻行动。

防守时移动，是为了抢占有利位置，防止对手摆脱或及时、果断、准确地抢球、断球和抢篮板球。

1.起动

起动是队员在球场上由静止状态变为运动状态的一种动作，是获得位移初速度的方法。进攻时，突然快速的起动，是摆脱防守的有效手段之一。防守时，突然快速的起动，可以抢占有利位置，防守住对手。

动作方法：从基本站立姿势开始，向前方起动时以后脚的前脚掌短促有力蹬地，向侧面起动时以异侧脚的前脚掌短促有力蹬地，同时上体迅速前倾或侧转，向跑的方向移动重心，手臂协调地摆动，充分利用蹬地的反作用力，迅速向跑的方向迈出。起动后的前两三步，两脚的前脚掌要短促用力蹬地，并配合以快速的摆臂动作，在最短的时间内充分加速。在比赛中，起动多与跑结合运用，但有时为了抢占有利位置的移动，也可能通过与上步、撤步、跳起、转身等动作的配合完成。

2. 跑

跑是为了完成攻守任务而争取时间的脚步动作。比赛中经常运用的跑有以下几种。

（1）变速跑。变速跑是队员在跑动过程中利用速度变化完成攻守任务的一种方法。由慢跑变快跑时，上体前倾，用前脚掌短促有力地向后蹬地，同时迅速摆臂。前两三步要小，以加快跑的频率。由快跑变慢跑时，上体抬起，步幅加大，用前脚掌抵地，减缓冲力，从而降低速度。

（2）变向跑。变向跑是队员在跑动过程中利用方向的变化完成攻守任务的一种方法。从右向左变向时，最后一步用右脚前脚掌内侧用力蹬地，同时脚尖稍加内扣，迅速屈膝，腰部随之左转，上体向左前倾，移动重心，左脚向左前方跨出，然后加速前进。

（3）侧身跑。向前跑时，脚尖对准跑动方向，头和上体转向球的方向，以便观察场上情况。

（4）后退跑。后退跑时，用两脚的前脚掌交替蹬地向后跑动，同时上体放松挺直，两臂屈肘配合摆动，保持身体平行，两眼平视，观察场上情况。

3. 滑步

滑步是防守时的一种主要移动方法。它易于保持身体平衡，可向任何方向移动。滑步可分为滑步（横滑步）、前滑步和后滑步。以侧滑步为例，其动作方法是：滑步前，两脚左右开立约与肩同宽，膝微屈、上体稍前倾，两臂侧伸，目平视，盯住对手。向左滑步时，右脚前脚掌内侧用力蹬地，同时左脚向左跨出，在落地的同时，右脚迅速随同滑行，然后依次继续重复上述动作。滑步时，身体不要上下起伏，要保持重心和身体平衡。动作结束时，恢复原来身体姿势，并根据攻守情况，迅速转换下一个动作。

4. 急停

急停是队员在运动过程中突然制动、停止的一种脚步动作。常用的急停动作有以下两种。

（1）跨步急停。队员在快速移动中急停时，先向前跨一大步，上体后仰，重心后移，用脚跟先着地，然后过渡到全脚掌抵住地面，迅速屈膝。接着再上第二步，脚着地时，脚尖稍向内转，用脚前掌内侧蹬地，两膝弯曲，上体稍向侧转（如先跨左脚、后上右脚时，则身体向左侧转）并微前倾，重心落在两脚之间，两臂屈肘自然张开，保持身体平衡。

（2）跳步急停。队员在中速和慢速移动中，用单脚或双脚起跳，上体稍后仰，两脚同时落地，落地时两臂屈肘微张，保持身体平衡。

5. 转身

转身是队员以一只脚作中枢脚，另一只脚用力蹬地，使身体旋转，从而改变身体方向的一种脚步动作。动作方法：转身前，两脚开立约与肩同宽，两膝微屈，上体稍前倾，重心落在两脚之间。转身时，重心移到中枢脚，以前脚掌为轴，用力碾地，同时移动脚用力蹬地，上体随移动脚转动。身体重心要沿一个水平面转动，不要上下起伏。转身后，保持身体平衡，以便衔接下一个动作。

转身有前转身、后转身之分。移动脚向中枢脚前方跨步转动，从而改变身体方向的动作叫前转身；移动脚向中枢脚后面撤步转动，从而改变身体方向的动作叫后转身。后转身动作如图 5-1-1 所示。

图 5-1-1 后转身动作示意图

（二）传、接球

传、接球是篮球比赛中进攻队员之间有目的地转移球的方法，是进攻队员在场上相互联系和组织进攻的纽带，是实现战术配合的具体手段，是比赛中运用最多的基本技术。传、接球技术的好坏直接影响进攻战术配合质量，也反映一支球队的进攻战术水平。因此，必须重视传、接球技术的学习。

1. 传、接球的动作方法

（1）双手胸前传球。双手胸前传球，是一种最基本、最常用的传球方法，这种传球方法便于控制，适合于不同方向、不同距离的传球，也便于同投篮、运球、突破等动作结合运用。

动作方法：双手持球于胸腹之间部位，身体按基本姿势站立。传球时，双手持球先做一个由下而向前的弧线转动，当球移动到胸前位置时，迅速向前伸臂，手腕翻转、拇指下压，最后通过食指、中指用力拨球将球传出。出球后，手心和拇指向下，其余四指指向传球方向。在传球的同时，脚蹬地，身体重心前移，上下肢要协调配合。双手胸前传球动作如图 5-1-2 所示。

图 5-1-2 双手胸前传球动作示意图

双手胸前传球可在原地和行进中进行。跑动中双手胸前传球和接球是一个连贯的动作。队员在跑动中跨右（左）脚接球后，左（右）脚上步，在右（左）脚落地前将球传出。

（2）双手低手传球。双手低手传球是一种近距离传球方法，多在内线队员进行策应或外围队员交叉跑动掩护时运用这种方法传球。

动作方法：双手持球于腹前或体侧，两脚左右或前后开立，屈膝。传球时，前臂外旋，手腕前屈，小指、无名指和中指向上轻轻拨球，将球传出。双手低手传球动作如图 5-1-3 所示。

图 5-1-3　双手低手传球动作示意图

（3）双手头上传球。这种传球方法持球部位较高，便于与投篮结合，多用于外围队员向内线队员间传球。

动作方法：双手举球于头上方，两肘弯曲，持球方法与双手胸前传球相同。传球距离较近时，前臂内旋、手腕前屈，拇指、食指与中指用力拨球将球传出。传球距离较远时，持球于头上，上体稍向后仰，腰腹用力，前臂迅速前摆，手腕前屈，手指用力拨球，将球传出。

跳起双手头上传球，传球动作和方法基本相同，只是跳起时举球于头上，至最高点时迅速利用腰腹和手臂前摆的力量，将球传出。

（4）单手肩上传球。单手肩上传球是单手传球中最基本的传球方法。它具有飞行速度快、传球距离远的特点。常用于抢到防守篮板球后发动长传快攻。

动作方法：以右手传球为例，双手持球于胸前，成基本姿势站立。传球时，左脚向传球方向迈出半步，转体使左肩对着传球方向，同时右臂引球至右肩上方，手腕向后屈托住球，上臂与地面近似平行、前臂与地面垂直，重心落在右脚上。出球时，右脚蹬地，同时转体并迅速向前挥臂，手腕前屈。最后食指、中指拨球，将球传出。身体重心移至左脚上，右脚随之向前跨步，并保持身体平衡。单手肩上传球动作如图 5-1-4 所示。

图 5-1-4　单手肩上传球动作示意图

（5）单手胸前传球。单手胸前传球是一种动作幅度小，出手快，容易和其他技术动作结合的传球方法。多用于近距离或通过防守时传球。

动作方法：以右手传球为例，持球方法与双手胸前传球相同。传球时，上体稍右转，右手腕后屈转至球的后方，同时左手离球，右臂迅速前伸，屈腕、拨球，将球传出。

（6）单手体侧传球。这种传球方法在外围队员将球传给内线队员时经常使用。

动作方法：以右手传球为例，两脚开立，膝微屈，双手持球于胸前。传球时，右手带球后引。经体侧向前做弧线摆动，手腕前屈，用食指、中指的力量拨球，将球传出。单手体侧传球动作如图 5-1-5 所示。

图 5-1-5 单手体侧传球动作示意图

（7）反弹传球。反弹传球是将球通过地面反弹传给同伴的一种传球方法。它具有不易被对方抢断的优点。常用于防守队员防守距离较近时，或对方身材较高时。用双手胸前、单手胸前、单手体侧等传球方法都可进行反弹传球。

2. 接球的动作方法

（1）双手接胸部高度的球。这是最基本的接球方法，也是比赛中运用最多的动作之一。其优点是接球牢稳，接球后易于衔接其他进攻动作。

动作方法：接球时，两眼注视来球，并向来球方向伸臂迎球，手指自然分开，两拇指成八字形，手指向前上方伸出，两手成半圆形。当球飞行至将触及手指时，双臂顺势随球后引缓冲来球的力量，两手握住球置于胸腹前的部位，保持基本站立姿势。双手接胸部高度的球的动作如图 5-1-6 所示。

图 5-1-6 双手接胸部高度的球动作示意图

（2）双手接头部高度的球。动作方法和双手接胸前高度的球相同，只是迎球时双臂向前上方伸出。

（3）双手接反弹球。接球时，跨步迎球，上体前倾，两臂迎球向前下方伸出，掌心向前，五指自然张开。球反弹起来后，两手顺势握球并将球移至胸腹前，保持身体平衡，以便衔接下一动作。

（4）单手接球。单手接球控制范围大，能接不同方向的来球，有利于队员快速、灵活地发挥技术。

动作方法：以右手接球为例，右脚向来球方向迈出，两眼注视来球，接球臂向来球方向伸出迎球，手臂微屈，手掌成勺形，手指自然分开。当球刚接触迎球手时，手臂顺势将球向后下方引，左手随之握球，双手将球置于胸腹之间，准备衔接下一个动作。

（三）投篮

投篮是进攻队员为将球投向球篮而采用的各种专门动作的总称。

投篮是篮球运动的主要进攻技术，是唯一的得分手段。比赛中进攻队运用其他各种进攻技术、战术的目的，都是为了创造更多更好的投篮机会，力求将球投中得分。掌握好投篮技术并不断提高投篮命中率，对于在比赛中取胜具有十分重要的意义。投篮的技术动作较多，按照投篮手法分为单手投篮和双手投篮两种，它们可以在原地、行进间和跳起空中完成。

1. 原地投篮

①原地双手胸前投篮。这种投篮虽然出球点较低，但出手前稳定性好，出手力量大，便于与传球、突破动作相结合，多用于远距离投篮。

动作方法：双手持球，动作与双手胸前传球基本相同，两肘自然下垂，将球置于胸前，目视瞄准点。两脚前后或左右开立，两膝微曲，重心落在两脚之间。投篮时，两脚蹬地，腰腹伸展，两臂向前上方伸出，两手腕同时外翻，拇指稍用力压球，食指、中指拨球，使球从拇指、食指、中指指端飞出。球出手后，脚跟提起，身体随投篮出手方向自然伸展。原地双手胸前投篮动作如图 5-1-7 所示。投篮时，蹬伸踝、膝、髋，双手用力均匀，手腕外翻，手指拨球。

图 5-1-7　原地双手胸前投篮动作示意图

②单手肩上投篮。单手肩上投篮是比赛中应用比较广泛的投篮方法，是行进间单手肩上投篮和跳起单手肩上投篮的基础。它具有出手点较高、便于结合和转换其他攻击动作、在不同距离和位置均可使用等优点。

动作方法：以右手投篮为例，右手持球于肩上，左手扶球的左侧，右臂屈肘，上臂与地面接近于平行。两脚前后或左右开立，两膝微屈，重心落在两脚之间。投篮时，下肢蹬地发力，右臂向前上方伸直，手腕前屈，食指、中指用力拨球，通过指端将球投出。球出手时，身体随投篮出手方向自然伸展。单手肩上投篮动作如图 5-1-8 所示。

图 5-1-8　单手肩上投篮动作示意图

③单手头上投篮。这种投篮方法，由于持球部位高，对手难于防守，一般在近距离和

罚球时运用较多。

动作方法：基本动作与单手肩上投篮相同，只是持球部位在头上，投篮时，伸臂的距离较短，手腕和手指用力较多。

2. 行进间投篮

行进间投篮是比赛中广泛应用的一种投篮方法。一般多在快攻或切入篮下投篮时运用，也可以在中、近距离投篮时运用，俗称跑动中投篮。

根据比赛规则，行进间投篮脚步动作的共同特点是跨第一步的同时接球，跨第二步跳起在空中完成投篮动作。以右手投篮为例，当球在空中运行时，右脚向来球方向或投篮方向跨出一大步，同时接球，左脚向前跨出一小步，脚跟先着地，上体稍后仰，然后迅速过渡到前脚掌着地并用力蹬地起跳，同时右腿提膝，双手向前上方举球。腾空后，根据与球篮的距离和角度，采用不同的投篮方法。球出手后，两脚同时落地，两腿弯曲，缓冲落地的力量，以衔接其他动作。

①行进间单手肩上投篮。这种投篮方法可在篮下和中距离投篮时使用。

动作方法：以右手投篮为例，右脚跨出一大步的同时接球，接着左脚跨出一小步并用力蹬地起跳，举球至肩上，当身体接近最高点时，右臂向前上方伸直，手腕前屈，食指、中指用力拨球，通过指端将球投出。

②行进间单手低手投篮。这是快速移动到篮下的一种投篮方法。它具有速度快、起跳后伸展距离远、易于超越防守等优点。

动作方法：以右手投篮为例，右脚跨出一大步的同时接球，左脚接着跨出一小步并用力蹬地起跳，右腿提膝，双手向前上方举球。当身体接近最高点时，左手离球，右手外旋，掌心向上，并充分向球篮的方向伸展，接着屈腕，食指、中指用力拨球，通过指端将球投出。行进间单手低手投篮动作如图5-1-9所示。

图 5-1-9　行进间单手低手投篮动作示意图

③行进间双手低手投篮。这是快攻和运球突破到篮下时的一种投篮方法，一般在摆脱防守后使用。

动作方法：移动中跨右（左）脚的同时接球，左（右）脚接着跨一小步并用力蹬地起跳。起跳后身体尽量向球篮方向伸展，双手持球，前臂外旋，掌心向上，向球篮的上方伸臂，屈腕，食指、中指拨球，通过指端将球投出。

（四）运球

运球是篮球运动中的基本技术之一。它是个人进攻的重要技术，也是组织全队进攻的重要桥梁。运球技术掌握的熟练程度如何，在一定程度上反映了球员控制球和支配球的能力，而且这种能力的提高，有助于其他基本技术的掌握和提高。

①高运球。运球时两腿微屈，上体稍前倾，目光平视，以肘关节为轴，前臂自然伸屈，用手腕、手指柔和而有力地按拍球的后上方。球的落点控制在运球手臂的同侧脚的外侧前方，使球的反弹高度在胸腹之间。手脚协调配合，使球有节奏地向前运行，高运球动作如图 5-1-10 所示。使用这种方法运球，身体重心较高，速度快，便于观察场上情况。

图 5-1-10 高运球动作示意图

②低运球。运球时两腿应迅速弯曲，重心下降，上体前倾，球的落点在体侧，用上体和腿保护球。同时，用手腕和手指短促地按拍球的后上方，将球控制在膝关节的高度，两腿用力后蹬，继续快速前进，低运球动作如图 5-1-11 所示。

图 5-1-11 低运球动作示意图

③运球急停、急起。在快速运球中突然急停时，采用两步急停，使身体重心降低，手按拍球的前上方，使球停止向前运行。运球急起时，两脚用力后蹬，上体急剧前倾，迅速起动，同时，按拍球的后上方，人、球同步快速前进，运球急起动作如图 5-1-12 所示。

图 5-1-12 运球急起动作示意图

④体前变向运球。以右手运球为例，当体前变向时，将球从身体右侧拍向体前中间的位置，再将球迅速拨回右侧，然后按拍球的后上方，左脚向右侧前方跨出，上体向右转，侧肩挡住对手，从防守球员的左侧突破，继续运球前进，体前变向运球动作如图 5-1-13 所示。

图 5-1-13 体前变向运球动作示意图

⑤背后运球。以右手运球从背后换左手时，右脚前跨，右手将球拉到右侧身后，迅速转腕按拍球的右后方，使球从背后反弹至左侧的前方，左脚同时向左前方跨步，换左手运球加速前进，背后运球动作如图5-1-14所示。

图5-1-14 背后运球动作示意图

（五）持球突破

持球突破是持球队员运用脚步动作和运球技术超越对手的一项攻击性很强的技术。比赛中，掌握好突破时机，合理地运用突破技术，既能直接切入篮下投篮得分，又能打乱对方的防守部署，创造更多的攻击机会，迫使对手的犯规，给防守方造成较大的威胁。如能把持球突破与中投、分球结合运用，进攻就更加机动灵活，效果更为显著。

持球突破可分为交叉步突破和顺步（同侧步）突破两种。

①交叉步突破。以右脚作中枢脚为例，两脚左右开立，两膝微屈，身体重心降低，持球于胸腹之间。突破时，左脚向左前方跨出，假装向左侧突破，当对手重心向左偏移时，右脚前脚掌内侧迅速蹬地，上体向右转体，左肩向前下方压，重心向右前方移动，左脚迅速向右侧前方跨出，同时将球移于右侧，右脚用力蹬地向前跨出，迅速超越对手，交叉步突破动作如图5-1-15所示。

图5-1-15 交叉步突破动作示意图

②顺步突破。以左脚作中枢脚为例，准备姿势和突破前的动作要求与交叉步突破相同。突破时，假做投篮动作，当对手重心前移时，右脚迅速向右前方跨出一步，上体向右侧身，重心向右前移的同时，用右手推放球于右脚外侧偏前方，左脚前脚掌迅速蹬地，向前方跨出，运球突破对方球员防守。

（六）防守

1.防守姿势

使用正确的防守姿势，能扩大防守时的控制面积，并及时地向不同方向移动。

防守距离球较近的对手时，经常采用面向对手、侧向球斜前方的站立姿势。远离对手的外侧脚在前，重心落在两脚之间，伸外侧手臂，封锁对手的接球路线，干扰对手接球。

防守距离球较远的对手时，经常采用面向球、侧向对手的站立姿势，靠近对手的脚在前，重心落在两脚之间，两臂伸于体侧，密切观察球与人的动向，堵截对手摆脱防守并接球的路线，果断进行抢断。

2.防守方法

防守时，防守队员要根据进攻队员的移动和球的移动，合理地运用上步、撤步、滑步、交叉步和快跑等脚步动作，随时抢占有利的防守位置，保持正确的防守姿势，及时堵截对手为摆脱防守而移动的路线，不让对手在有利于进攻的位置上接球。

三、篮球基本战术

篮球战术组成的基本要素是技术、方法和形式。技术是队员进行比赛的手段，是实现战术的基础，队员掌握的技术愈全面、熟练、准确、实用，战术的实施愈有保证。就战术本身而言，只有通过队员掌握相应数量和质量的技术动作，并在一定的时机、地点、条件下组合运用，才能构成战术。所以，技术是战术组成必不可少的基本要素。方法是队员在与对方进行比赛时有组织的行动程序，是战术组成的核心部分。它表现在队员个人行动、部分队员配合行动、全队队员整体行动的组织上，包括人、球移动路线，队员技术动作的选择与组合，动作的时间，动作的配合等。

（一）基础配合

基础配合是组成全队战术的基础，也是培养运动员篮球意识的重要手段。只有熟练地掌握各种基础配合，才能使全队战术配合更加灵活多变。基础配合包括进攻基础配合与防守基础配合。

1.进攻基础配合

进攻基础配合是指二、三名进攻队员，为了创造攻击机会，合理运用技术而采用的合作方法。

配合方法：进攻基础配合包括传切、突分、掩护和策应等多种配合方法，下面将介绍几种主要的进攻基础配合方法。

（1）传切配合。它是进攻队员之间利用传球、切入等技术组成的简单配合，包括一传一切配合和空切配合两种。

（2）突分配合。它是持球队员突破后，利用传球与同伴配合的方法。

（3）掩护配合。它是掩护队员采用合理的行动，用身体挡同伴的防守者的移动路线，使同伴借以摆脱防守，或利用同伴的身体摆脱对方对自己的防守，从而接球进攻的一种配合方法。掩护时，掩护队员跑到同伴的防守者前面、后面或侧面，保持适当距离（要符合规则要求），两脚开立，膝微屈，两臂屈肘于胸前，上体稍前倾，扩大掩护面积。当同伴利用掩护摆脱防守后，掩护队员要及时转身跟进，准备抢篮板球或接回传球。掩护配合可以是无球队员给有球队员掩护，也可以是有球队员给无球队员掩护，还可以是无球队员给无球队员掩护。

④策应配合。它是指进攻队员背对篮筐或侧对篮筐接球，由他作为枢纽，与同伴相互配合而形成一种里应外合的进攻形势的配合方法。

2. 防守基础配合

防守基础配合是二、三名防守队员利用合理的技术、协调的动作破坏对方进攻的一种合作方法。

配合方法：防守配合包括挤过、穿过、锐过、交换防守、关门、补位和夹击等多种配合方法，下面将介绍几种主要的防守基础配合方法。

（1）挤过。它是破坏对方掩护配合的方法之一。当对方采取掩护配合时，防守队员在对方的掩护队员接近自己时，要迅速向前跨出一步，靠近对手，从两个进攻队员之间侧身挤过，继续防守自己原先防守的对方队员。

（2）穿过配合。它是破坏对方掩护配合的方法之一。当进攻队员采取掩护配合时，防守掩护者的队员及时提醒同伴并主动撤后一步，让同伴及时从自己和对方掩护队员之间穿过，继续防守自己原先防守的对方队员。

（3）绕过配合，它是破坏对方掩护配合的方法之一。当对方采取掩护配合时，防守掩护者的队员贴近对手，让同伴从自己的身后绕过，继续防守自己原先防守的对方队员。

（4）交换防守配合。它是破坏对手掩护配合的方法之一。对方进攻队员利用掩护配合已经摆脱防守时，防守队员及时发出换防的信号，与同伴互换各自防守的对方队员。

（5）夹击配合。它是两个防守队员共同防守一个对方进攻队员的一种配合方法。

（6）补防配合。它是两个防守队员之间的一种协同配合方法。当同伴被对方进攻队员突破时，临近的防守队员立即放弃自己防守的对方队员，去补防那个威胁最大的进攻者，其余防守队员则要根据情况及时换防。

（二）快攻与快攻防守

1. 快攻

快攻是由防守转入进攻时，以最快的速度把球推进到前场，在对方尚未部署好防守之前利用人数上、位置上的优势，果断而合理地进行攻击的一种进攻战术。快攻是篮球进攻战术中的重要组成部分，也是进攻战术中最锐利的武器。它对培养队员积极主动、勇猛顽强的作风，对提高身体素质水平，对发展快速运用技术的能力，都起着重要的促进作用。

（1）快攻的基本要求

①要有快攻意识，抓住一切快攻的发动时机，在抢到后场篮板球时，掷界外球时，

抢、断球后，跳球时等时机发动快攻。

②获得球权的队员要及时将球传出，其余队员要积极接应和跑动，展开快攻。

③快攻推进时要保持分散的纵深队形，便于突破对方的防守。

④人、球快速移动至前场后，要积极配合，果断地投篮和拼抢篮板球。

（2）快攻的组织形式

快攻一般分为长传快攻、短传结合运球快攻两种类型。

①长传快攻。长传快攻是队员在后场获球后，用一次或两次传球，将球传给超越对方球员、快速向对方篮下移动的同伴，进行投篮的一种方法。通常是由快攻的发动和快攻的结束两个阶段组成。长传快攻的特点是突然性强、速度快、成功率较高。

②短传结合运球快攻。短传结合运球快攻是队员在后场获球后，利用快速的短距离传球、运球，迅速将球推进过中场，创造有利时机投篮的一种方法。它的特点是灵活多变，层次清楚，容易成功。

2. 快攻防守

快攻防守是防守战术的重要组成部分。针对当前篮球比赛速度不断加快的特点，加强快攻防守的教学与训练有着积极的意义。

快攻防守的基本要求：

（1）必须具有快攻防守意识，积极阻止对方发动快攻。

（2）合理地应用封、堵、夹、抢、断等手段，尽最大努力阻扰和破坏对方的快攻。

（3）退守要快速，队员间相互照应，制约对方进攻的速度。

（4）以少防多时要沉着、冷静，重点保护篮下，尽力延误对方投篮时间，伺机抢断，降低对方快攻成功率。

（三）人盯人防守

人盯人防守战术是每名防守队员防守一名进攻队员，在防守住自己所防守进攻球员的基础上，相互协作的全队防守战术。人盯人防守战术分为半场人盯人防守战术和全场紧逼人盯人防守战术。

1. 半场人盯人防守

半场人盯人防守是由进攻转为防守时，全队迅速退回后场进行人盯人防守的战术。半场人盯人防守，按防守范围分为半场缩小人盯人防守和半场扩大人盯人防守。半场缩小人盯人防守是将防守范围控制在三分球线以内，半场扩大人盯人防守是将防守范围控制在三分球线以外。随着篮球运动的发展，防守队员为了限制对方投出 3 分球，将半场人盯人防守的区域不断扩大，对持球队员的防守越来越严密。

半场人盯人防守的基本要求：

（1）防守队应根据双方队员的身高、位置和技术水平，合理地进行防守分工。

（2）由进攻转入防守时，要迅速退回后场，找到自己所防守的球员，在控制住自己所防守的球员的基础上，积极抢、断球，夹击和补防。

（3）防守持球队员时要主动逼近，主动攻击球，积极封盖投篮，干扰传球，堵截运球，并伺机抢球，迫使对方处于被动局面。

（4）防守无球队员要根据其与球和篮筐的距离，选择人球兼顾的位置。防守离球近的队员时，要贴近防守，切断对方的接球路线，不让对方接球。防守离球远的队员时，要缩小防守，在控制住自己所防守的球员基础上，协助队友防守。

2. 全场紧逼人盯人防守

全场紧逼人盯人防守是指由进攻转入防守时，防守队员在全场范围内分工，负责紧逼自己所防守的球员，并利用各种防守配合破坏进攻的一种带有攻击性的防守战术。全场紧逼人盯人防守战术能充分发挥队员的速度和灵活性，培养队员积极主动、勇敢顽强的作风，提高队员的身体素质、促进队员技术的全面发展。

全场紧逼人盯人防守战术的基本要求：

（1）由进攻转入防守时，全队要思想统一、行动一致，每个队员都要以先声夺人的气势，迅速找到自己所防守的球员，抢占有利位置。

（2）防守无球队员时，以防止或减少其接球为主，人球兼顾，随时准备补防和断球。

（3）防守持球队员时，首先要防止其投篮、切入和传球，当对方运球突破时，要迫使其向边线运球，并设法使其早停球。当对方停球后，应立即贴近防守，封堵其传球路线。

（4）全队要有良好的配合意识，防守队员间要相互呼应。

（四）区域联防与进攻区域联防

1. 区域联防

区域联防是由攻转守时，防守队员迅速退回后场，每个队员按分工，负责防守一定的区域，严密防守进入该区域的球和进攻队员，并与同伴协同防守，用一定的队形，把每个防守区域有机地联系起来，组成的全队防守战术。这种战术的特点是防守队员随球的转移而积极地移动和协防，位置区域分工明确，防守队员都比较集中在限制区周围，因此，有利于内线防守、抢篮板球和发动快攻。但各种形式的区域联防都存在一定薄弱地区，容易被对方利用并形成以多打少的被动局面。

区域联防的基本要求：

（1）根据区域联防的形式，队员的条件和技术特长，合理分配队员的防守区域，发挥队员在各自防区的作用。

（2）由进攻转入防守时，要积极阻止对方的攻势，有组织地快速退守和及早落位布阵防守。

（3）防守队员要协同一致，随球积极移动，并张开和挥动双臂，相互照应，形成整体防守。

（4）防守持球队员时，应按照人盯人防守的要求，积极阻挠对方投篮、传球和运球，严防对方从底线运球突破。

（5）防守不持球队员时，要根据离球的远近和防区中进攻队员的行动，积极抢位或堵截，不让对手在有威胁的区域内接球，随时准备协同同伴进行"关门""补位"等防守配合。

（6）当进攻队员采用穿插方式移动时，应根据其行动方向，进行跟防或控防，并迅速调整防守位置或队形，当进攻队投篮后，每名防守队员都要堵位和抢位，有组织地争夺篮板球，及时发动快攻。

2.进攻区域联防

进攻区域联防是针对区域联防的形式和变化特点所采用的进攻战术。

进攻区域联防的基本要求：

（1）由防守转入进攻时，首先要积极发动快攻，打乱对方的战略部署。

（2）当防守队员已组成区域联防时，进攻队应针对防守队形，采用插空站位的进攻队形组织进攻。

（3）组织进攻区域联防战术，应耐心地运用快速的传球转移进攻方向，积极穿插移动，创造进攻机会。

（4）使用进攻区域联防时要用准确的中、远距离投篮，迫使对方扩大防区，有利于内外结合攻击；要在防守薄弱的区域组织进攻，以多打少，拼抢篮板球，争取二次投篮机会；还应注意保持攻守平衡，随时准备退守。

四、篮球基本规则

（一）违例

下面介绍部分篮球比赛中的违例行为。

（1）带球走违例。当队员在场上持球时，"中枢脚"离开地面之前必须向下拍球且球离开手。

（2）3秒钟违例。某队在前场控制活球并且比赛计时钟正在运行时，该队的队员不得在对方队的限制区内停留超过持续的3秒。

（3）8秒钟违例。每当一名在后场的队员获得控制活球时，或在掷球入界过程中，球触及后场的任何队员或者被后场的任何队员合法触及，掷球入界队员所在队仍拥有在后场的球权时，该队必须在8秒内使球进入该队的前场。

（4）24秒钟违例。每当一名队员在场上获得控制活球时，或在掷球入界过程中，球触及场上的任何队员或被场上的任何队员合法触及，并且掷球入界队员的球队仍然控制球时，该队必须在24秒钟内尝试投篮。

（5）球回后场。在前场控制活球的球队不得使球非法地回到其后场。

（二）犯规

下面介绍部分篮球比赛中的犯规行为。

（1）掩护犯规。掩护犯规是指试图延误或阻止一名不持球的对方队员到达他希望到达的场上位置。

（2）撞人犯规。撞人犯规是指持球或不持球队员推开或顶动对方队员，在对方队员的躯干处发生的非法身体接触。

（3）阻挡犯规。阻挡犯规是指为阻碍持球或不持球对方队员行进的非法身体接触。

（4）拉人犯规。拉人犯规是指干扰对方队员移动自由的非法身体接触。这种接触可能发生在身体的任何部位。

（5）推人犯规。推人犯规是指队员用身体的任何部位强行移动或试图移动控制或未控制球的对方队员时发生的非法身体接触。

（6）技术犯规。技术犯规是没有身体接触的犯规，行为种类包括但不限于：

无视裁判员的警告；

与裁判员、技术代表、记录台人员、对方队或允许坐在球队席的人员讨论或交流时没有礼貌；

使用很可能冒犯或煽动观众的粗话或手势；

戏弄或嘲讽对方队员；

在对方队员眼睛附近挥手或手保持不动妨碍其视觉；

过分挥肘；

在球穿过球篮之后故意地触及球，阻碍迅速地掷球入界或罚球以延误比赛；

伪造被犯规；

悬吊在篮圈上，致使队员的重量由篮圈支撑，除非扣篮后，队员瞬间抓住篮圈，或者根据裁判员的判断，他正试图防止自己受伤或另一名队员受伤。

第二节　排球

一、排球运动简介

（一）排球运动概述

排球运动是指由两支人数相等的球队，在被网隔开的两个均等的场区内，参与者以身体的任何部位（手、手臂为主）触球并使球不落地并将球从网上击入对方场地，隔网进行的集体攻防对抗性运动。

（二）排球运动的特点

1. 形式的多样性和广泛的群众性

排球运动的场地可设在室内，亦可设在室外。地板上、沙地上、草地上、雪地上，甚至水中都可以进行排球活动，形式多样。排球运动的规则容易掌握且可以变通。参加排球运动的人数可多可少，运动负荷能大能小，适合不同年龄、性别、体质和训练程度的人。因此，排球运动具有形式的多样性和广泛的群众性。

2. 技术的全面性和高度的技巧性

排球比赛中，任何位置上的队员都要参与防守和进攻；而且在大多数形式的比赛中，规则还要求队员轮换位置。因此，每个队员都须全面地掌握各项进攻和防守技术。由于排球比赛具有球不能落地、必须将球击出、同一名队员不得连续击球两次、每队击球次数又有规定等特点，决定了排球运动需要有高度的技巧性。

3. 激烈的对抗性和严密的集体性

排球比赛中双方的攻防转换始终是在激烈的对抗中进行的，其对抗的焦点主要集中在网上的扣与拦之间。一分球的争夺往往要经过七八个回合。水平越高的比赛，对抗争夺越激烈。排球比赛双方都在利用规则允许的 3 次击球机会，通过精心设计和巧妙配合，在瞬息间完成激烈的攻防转换和完美的战术组合，体现了严密的集体性。

4. 轻松的娱乐性和高雅的休闲性

排球运动不拘泥形式，可支网相斗，亦可围圈嬉戏。只要有一块空间，甚至是沙滩或草地，皆可享受其乐趣。排球比赛隔网进行，双方斗技，没有身体接触，安全儒雅，是人们欢悦、休闲的理想方式。

5. 活动的全身性与良好的观赏性

排球比赛规则规定，球可以触击身体的任何部位，这使得排球技术动作越来越多样化，既可使用手打，又可运用脚击、头顶等技术，加上前扑、倒地、滚翻、鱼跃等防守动作，从而扩大了防守范围，增加了起球机会，使比赛显得精彩纷呈，吸引观众，具有良好的观赏性。

总之现行的排球规则赋予了排球比赛新的生命力，比赛日趋增多，强弱队间差距缩小，胜负悬念增大，观众兴趣浓厚，赛场气氛热烈。

6. 攻防技术的两重性

在排球比赛中，各项技术都既能得分，又能失分，每项技术都具有攻防的两重性。排球各项技术都是攻中有防、防中有攻、相互转化、相互制约的。所以，要求技术准确熟练，既要有攻击性，又要有准确性。

（三）排球运动的功能

（1）参加排球运动，可以提高人们的力量、速度、灵敏、耐力、弹跳力、协调性、反应等，还能够培养机智、勇敢、沉着冷静、坚强果断的心理品质。

（2）参加排球运动，可以培养团结协作、克服困难、争取胜利的集体主义精神。通过训练和比赛，可以增进队员之间的交流，加强队员之间的团结，促进球队技战术水平的提高。

（3）参加排球运动，可以推动群众性体育活动的广泛开展，丰富人们的文化生活，提高健康水平。

（4）通过排球比赛，可以开展国际交流，促进全世界人民的友谊和团结，提高国家威望，振奋民族精神。

（四）排球运动比赛的基本方法

排球比赛的形式是多种多样的，其基本方法是由后排右侧的队员在发球区内，用单手将球直接击过球网开始的。除拦网外，每方最多击球3次使球过网，不得持球。一名队员不能连续击球两次。比赛不间断地进行，直至球落地、出界或某一队员犯规。

场上6名队员分前后排站立。发球队员胜一球后该队同一名队员继续发球。接发球队胜一球后可以获得发球权，全队6名队员按预先登记的发球顺序，换由下一名队员发球。在每球得分制的比赛中，发球队胜一球得一分，接发球的队胜一球获得发球权并同时得一分。

比赛通常采用五局三胜制或三局两胜制。计分的方法也有发球得分制、每球得分制之分。每局比赛的胜负为限分制，即首先得到规定分数的球队为胜队。

（五）排球运动的起源与传播

排球运动始于1895年，创始人是美国人威廉·G·摩根。排球传入亚洲也比较早，在 1900 年前后，先后传入印度、中国、日本和菲律宾等国。

排球运动在其发展的过程中不断分化、繁衍，形成了沙滩排球、软式排球和 9 人制排球等多种多样的形式。世界排球运动发展的历程大致可分为娱乐排球、竞技排球和现代排球 3 个阶段。

排球运动自 20 世纪 80 年代进入现代排球阶段。

排球运动是在 1905 年传入我国的。1913 年，我国首次参加了在菲律宾举办的第 1 届远东运动会的排球比赛。1954 年 1 月 11 日，国际排联正式接纳我国排协为正式会员。20 世纪 50 年代，我国排球一方面抓普及，一方面抓提高，迅速将 6 人制排球运动推上了新的阶段。1981 年 3 月，中国男、女排球队分别获得世界杯亚洲区预选赛的冠军。1981 年 11 月，我国女排在日本举办的第 3 届世界杯排球赛中，以七战七捷的战绩首次荣获世界冠军，紧接着在 1982 年的第 9 届世界女排锦标赛中又夺冠，继而在 1984 年洛杉矶奥运会上再显神威，实现了"三连冠"。此后在 1985 年世界杯、1986 年世锦赛中中国女排再次夺冠，创造了世界女子排球"五连冠"的新纪录。女排的胜利不仅实现了中国排球"冲出亚洲，走向世界"的愿望，同时也大大振奋了民族精神。

二、排球基本技术

（一）准备姿势和移动

1. 准备姿势

准备姿势是在起动、移动和击球时所采用的合理的身体姿势。

使用准备姿势是为了迅速起动和快速移动，及时助跑、起跳、倒地等完成各种击球动作。准备姿势分为稍蹲、半蹲和低蹲三种。

（1）稍蹲

两脚左右开立与肩同宽，一脚在前，两膝微屈，重心位于两脚之间略靠前，后脚跟提起，上体稍前倾，两臂放松，自然弯曲置于腹前，两眼注视球和场上情况，两脚保持微动状态，在接发球、二传、防对方推球及准备接应时常采用此姿势。

（2）半蹲

两脚开立略比肩宽，身体重心落于前脚掌，在对方大力发球和扣球时常采用此姿势。

（3）低蹲

两脚左右开立，距离比半蹲姿势更宽，身体重心比半蹲更低更靠前，在对方大力扣球或防守近网球时常采用此姿势。

稍蹲、半蹲、低蹲姿势如图 5-2-1 所示。

图 5-2-1　稍蹲、半蹲、低蹲姿势示意图

2.移动步法

（1）并步

并步经常与跨步或其他倒地击球技术结合使用。

①技术方法。两脚前后站立，与肩同宽，两膝微屈，上体稍前倾，两手自然放松置于腰腹位置。并步时，前脚向来球方向跨出一步，后脚迅速蹬地跟上，并做好击球前的姿势。

②技术分析。并步主要用于短距离移动。其特点是转身变换方向快，容易保持身体平衡，便于制动和向各个方向移动。

③技术要领。移步快，转身灵活，重心稳，对准球。

（2）交叉步

交叉步常用于应对体侧 2～3 米距离的来球，二传手和拦网者在网前移动时或防守两侧来球时，常运用此种步法。

①技术方法。两脚左右开立，向右侧交叉步移动时上体稍向右转，左脚从右脚前向右交叉迈出一步，然后右脚再向右侧方向跨出一大步，同时重心移至右脚，身体转向来球方向，保持击球前的姿势。交叉步动作如图 5-2-2 所示。

②技术分析。交叉步只适用于侧向移动，特点是步子大、速度快、制动好，便于观察来球。交叉步在启动时，以向右移动为例，除身体应稍向右转动和倾斜外，右脚尖也应自然向右移动，这样便于左脚的交叉和右脚的蹬地发力。

③技术要领。移动时要屈膝、弯腰，重心要稳。

图 5-2-2　交叉步动作示意图

（3）跨步

跨步可以单独使用，也可与滑步、交叉步、跑步的最后一步结合运用。当来球的高度低、速度快、距离身体 1 米左右时，常运用跨步。

①技术方法。跨步前膝部弯曲，上体前倾，身体重心移至跨出的脚上。跨步时，一脚用力蹬地，另一腿向来球方向跨出一大步，后腿随重心前移自然跟上，两臂做好迎球动作。跨步动作如图 5-2-3 所示。

图 5-2-3　跨步动作示意图

②技术分析。跨步的特点是跨距大，便于向前方、斜前方降低重心击球。在短距离移动中，跨步的速度最快。但由于跨步后两腿不宜再结合其他步法移动，故一般在运用完并步、交叉步、跑步等步法后，借助跨步来接距离近球或进行制动。

③技术要领。蹬地猛，跨步大，体前倾，重心低。

（4）跑步

跑步经常与交叉步、跨步等步法结合运用。

①技术方法。跑步时，一脚蹬地启动，另一脚迅速向前迈出，两脚交替进行，两臂配合摆动，不要过早做击球的准备动作，以免影响跑步速度。球在侧后方或后方时，应边转身观察球边跑。

②技术分析。在球离身体较远时常采用跑步动作，其优点是速度快，可随时改变方向，但因跑步时重心较高，故快速跑动后制动比较困难，需要做 2 ～ 3 步减速缓冲后才能制动，所以它只便于击高球，而不便于迅速降低重心击球。

③技术要领。起跑的步频要快，步幅应由小到大，结合转身动作跑步时，必须回头看球。

（二）垫球

1. 垫球的定义

垫球是指除手指弹击动作外的身体任何部位击球的动作，它是排球基本技术之一。最常用的是前臂垫球。

2. 垫球技术的分类

垫球按动作可分为正面垫球、体侧垫球、背向垫球、跨步垫球、低姿垫球、单手垫球、侧倒垫球、滚翻垫球、前扑垫球、鱼跃垫球、其他部位垫球等。

垫球按用途可分为接发球垫球、接扣球垫球、接拦回球垫球、接传球垫球等。

3. 垫球技术动作和方法

（1）准备姿势

垫球前应面对来球，成半蹲或稍蹲姿势站立。

（2）手形

①叠指式。两手掌根相靠，手指重叠，手掌互握，两拇指平行向前，手腕下压，两前臂外翻成一个平面。

②抱拳式。两手抱拳互握。

③互靠式。两手腕紧靠，两手自然放松。

叠指式、抱拳式、互靠式三种手形如图 5-2-4 所示。

图 5-2-4 叠指式、抱拳式、互靠式三种手形示意图

（3）垫球动作

当球飞到腹前约一臂距离时，两臂夹紧前伸，插入球下，同时配合蹬地、跟腰、提肩、顶肘、压腕、抬臂等全身协调动作迎向来球，身体重心随着击球动作向前上方移动。

（4）击球部位与击球点

双臂保持在腹前高度，击球的后下部。用前臂的手腕关节以上10厘米左右两小臂桡骨内侧所构成的平面击球的后下部。

（5）垫球技术要领

两臂夹紧插球下，提高送臂腕下压，蹬地跟腰前臂垫，轻球重球有变化，撤臂缓冲垫重球，轻球主动抬臂击。

4. 垫球时易犯的错误

（1）垫球时有屈肘翘腕的现象，容易造成连击而犯规。

（2）垫球时抬臂动作过大，没有运用身体的协调力量来垫球。

（3）垫击部位不合理，垫在手腕、拇指或肘关节部位。

（三）传球

1. 传球的定义

传球是排球运动中的一项重要的基本技术，它是协调全身力量并通过手指、手腕的弹力，将球传至一定目标位置的击球动作。整个传球过程的一系列动作如图5-2-5所示。

图 5-2-5　整个传球过程的一系列动作示意图

2. 传球技术动作和方法

（1）准备姿势

传球前应采用稍蹲姿势，上体稍挺起，仰头看球，两手自然抬起，屈肘，放松置于脸前。

（2）迎球动作

当来球接近额前时，开始蹬地、伸膝、伸臂，手指微张从胸前向前上方迎出。全身各部位动作应协调一致，发力从后脚蹬地开始，通过腰、肩、肘，最后是手指、手腕柔和协调用力，将球从额前向前上方送出。

（3）击球点

击球点在脸额前上方约一球距离处。

（4）手形

手触球时，十指应自然张开使两手成半球状，手腕稍后仰，以拇指内侧，食指全部，中指的二、三指节接触球的后下方；无名指和小指在球两侧辅助控制球的方向；两拇指相对成"八"字形。传球时的手形如图 5-2-6 所示。

图 5-2-6 传球时的手形示意图

（5）用力方法

在迎球动作的基础上，当手与球即将接触前，手腕和手指要有前屈迎球的动作；当手与球接触时，各关节应继续伸展，最后用手指、手腕的弹力将球击出。

（6）技术要领

蹬地伸臂对正球，额前上方迎击球，触球手形成半球，指腕缓冲控制球。

3. 传球时易犯的错误

（1）没有找准击球点，击球点过高或过低，太靠前或偏后。

（2）传球时两肘外展过大或两肘紧张内夹。

（3）手指和手腕缺乏弹击力。

（4）身体未能协调用力。

（5）手形不正确。

（6）击球时，没有面对传出球的方向，造成两手用力不均匀，影响传球的准确性。

（四）发球

发球是指队员在发球区，用一只手将自己抛起的球直接击入对方场区的技术动作。下面将介绍几种常用的发球方法。

1. 正面下手发球

正面下手发球的一系列动作如图 5-2-7 所示。

图 5-2-7 正面下手发球的一系列动作示意图

（1）动作方法

①准备姿势。左肩对网，两脚左右开立，约与肩同宽，两膝微屈，上体稍前倾，重心落在两脚之间，左手持球于腹前。

②抛球。左手将球抛于胸前，距身体一臂远，同时右臂摆至身体右侧后下方。

③挥臂击球。右脚蹬地向左转体，带动右臂向前上方摆动，在腹前用虎口、全掌或掌

根击球的后下方。

④结束动作。击球后顺势进入比赛场地中。

（2）技术要领

左手抛球低出手，右臂摆动肩为轴，击球一刹不屈肘，掌根部位击准球。

2. 侧面下手发球

侧面下手发球的一系列动作如图 5-2-8 所示。

图 5-2-8　侧面下手发球的一系列动作示意图

（1）动作方法

①准备姿势。左肩对网，两脚左右开立，约与肩同宽，两膝微屈，上体稍前倾，重心落在两脚之间，左手持球置于腹前。

②抛球。左手将球平稳上抛于胸前，距身体约一臂远，球离手高度约一个半球。抛球同时，右臂摆至右侧后下方。

③挥臂击球。利用右脚蹬地向左转体的力量，带动右臂向前上方摆动，在腹前用全掌、虎口或掌根击球的后下部。

④结束动作。击球后身体转向球网，并顺势进入比赛场地中。

（2）技术要领

腹前低抛球，转体带摆臂，击球后下部，控制球路线。

3. 正面上手发球

正面上手发球的一系列动作如图 5-2-9 所示。

图 5-2-9　正面上手发球的一系列动作示意图

（1）动作方法

①准备姿势。面对球网站立，两脚自然开立，左脚在前，左手持球于体前。

②抛球与引臂。左手将球向上平稳地抛于右肩的前上方，距离身体前方约 30 厘米，高度约 1 米，上体稍向右侧转动，右臂抬起，屈肘后与肩平，抬头、挺胸、展腹、手掌自然张开。

③挥臂击球。利用蹬地使上体向左转体，同时收腹，带动手臂向前上方快速挥动。

④击球点。在右肩上方伸直手臂的最高点，用全掌击球的后中下部
⑤击球动作。手指和手掌要张开与球吻合，手腕要迅速做推压动作，使击出的球呈上旋。

正面上手发球击球时的手形如图 5-2-10 所示。

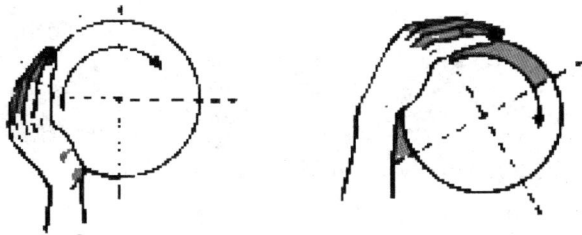

图 5-2-10　正面上手发球击球时的手形示意图

⑥结束动作。击球后随着重心前移，迅速进入比赛场地中。
（2）技术要领
手托上抛高一米，同时抬臂右旋体，转体收腹带挥臂，弧形鞭打用加力，全掌击球中下部，手腕推压要积极。

4. 正面上手飘球

正面上手飘球的一系列动作如图 5-2-11 所示。

图 5-2-11　正面上手飘球的一系列动作示意图

（1）动作方法
①准备姿势。正面上手飘球的准备动作与正面上手发球类似，但左手持球的位置比较高，约在胸前。
②抛球与引臂。左手将球平稳地抛在右肩前上方，高度应稍低于正面上手发球，并稍靠前些。在抛球的同时，右臂上举后引，肘部适当弯曲，并高于肩，两眼盯住击球部位。
③挥臂击球。与正面上手发球一样做甩鞭动作，但击球前手臂的挥动轨迹不呈弧形，而是自后向前做直线运动。击球时，五指并拢，手腕稍后仰，用掌根的坚实平面击打球的中下部，使作用力通过球体重心。击球时用力要快速，击球面积要小，触球瞬间，手指、手腕要张开，不加推压动作。
④结束动作。击球结束，手臂要有突停动作，完成后迅速进入比赛场地中。
（2）技术要领
抛球稍低略靠前，挥臂轨迹成直线，掌根击球穿重心，击后突停不屈腕。

（五）扣球

扣球一系列运动如图 5-2-12 所示。

图 5-2-12　扣球一系列动作示意图

1. 扣球技术动作和方法

（1）准备姿势

站在离网三米左右处，两脚自然开立，两膝微屈，上体稍前倾，两臂自然下垂，观察二传来球，随时准备向各个方向助跑起跳。

（2）助跑

助跑的目的是为了获得一定的水平速度，增加弹跳高度，并且选择适当的起跳点。助跑的时机、方向、步法、速度、节奏是根据来球的方向、速度和弧线来决定的。因此，要全面熟练掌握一步、两步、三步及多步助跑的步法。

以两步助跑为例，助跑时，左脚先向前迈出一步，接着右脚再迅速跨出一大步，左脚及时并上，落在右脚侧前方，两脚尖稍向内收准备起跳。助跑的第一步要小，目的是对正上步方向，使身体获得向前的水平速度，第二步要大，目的是接近球和提高助跑的速度。

（3）起跳

在助跑跨出最后一小步的同时，两臂绕体侧向后引，左脚在落地制动的过程中，两臂自后积极向前摆动，随着双腿蹬地向上起跳，两臂配合起跳用力上摆。

（4）空中击球

起跳后，挺胸展腹，上体稍向右转，右臂向后上方抬起，身体成反弓形。挥臂时，以迅速转体、收腹动作发力，依次带动肩、肘、腕各部位关节向前上方成鞭甩动作挥动。击球时，五指微张，以掌心为主，全掌包满球，在手臂伸直的最高点的前上方击球的中后部，同时主动用力屈腕屈指向前推压，使扣出的球呈上旋。

（5）落地

落地时，以两脚前脚掌先着地，再迅速过渡到全脚掌着地，同时顺势屈膝、收腹，以缓冲下落力量，立即做好下一个动作准备。

2. 扣球技术动作要点

腰腹发力应领先，协调挥臂如甩鞭，击球保持最高点，全掌包球击上旋。

3. 扣球时易犯的错误

①助跑步幅不合理。

②起跳时机把握不准，非早即晚。

（六）拦网

1.拦网技术动作和方法

（1）准备姿势

面对球网，两脚平行开立约同肩宽，距网30至40厘米，两膝微屈，两臂自然弯曲置于胸前，随时准备起跳和移动。

（2）移动

为了对正对方的扣球点起跳，需要及时移动，常用的移动步法有并步、滑步、交叉步、跑步等。移动结束要做好制动动作，以避免触网及冲撞同队队员。

①并步移动。适合于近距离移动，动作方法是单脚向右（左）迈一步，另一脚并步靠拢。

②滑步移动。相距两米左右距离时，可以采用滑步移动，连续的并步移动即是滑步。

③交叉步移动。向右移动时，身体稍向右转，重心移向右脚，接着左脚从右脚前面向右交叉一大步，然后右脚再向右边跨出一步，右脚落地时，脚尖内转，使两脚平行站立，身体正对球网。

④跑步移动。距离较远时采用跑步移动。向右移动时，身体先向右转，左肩对网，顺网跑至对方起跳点时，左脚跨出一步制动，右脚再向前迈出一步，同时脚尖内转，尽量使双脚保持平行，接着屈膝起跳。

（3）起跳

起跳时，重心降低，两膝弯曲，弯曲程度因人而异，两脚用力蹬地，两臂在体侧划小弧用力上摆，带动身体向上垂直起跳。起跳后稍收腹，控制身体平衡。

（4）空中动作

起跳同时，两手从额前贴近并平行于球网，向网上沿的前上方伸出，两臂伸直，前臂靠近网，两手尽量伸向对方上空接近球，两手自然张开，屈指、屈腕成勺形，两手之间距离不能超过一个球，以防止球从两手之间漏过。当手触球时，两手要突然紧张，手腕要用力下压盖住球的上方，站在靠近边线的拦网队员，为了防止球在打到手后出界，外侧手掌心在拦击球时要内转。拦网时的起跳和空中动作如图5-2-13所示。

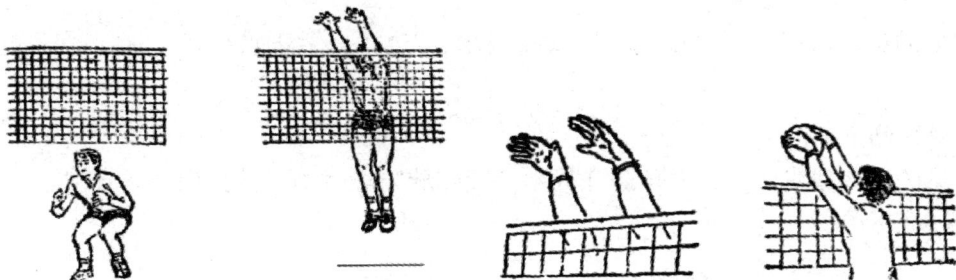

图 5-2-13　拦网时的起跳和空中动作示意图

（5）落地

拦网后，要做含胸动作，以保持身体平衡。手臂不能放松和随球下拖，要先使手臂后摆或两臂上提，然后再屈肘向下收臂，以免触网。与此同时，屈膝缓冲，双脚落地。

2. 技术要领

取位对准球，起跳要及时，看清动作拦路线。手臂伸过网，两手接近球，球触手掌压手腕。

三、排球基本战术

（一）阵容配备形式

1. "四二"配备

"四二"配备由四名进攻队员（两名主攻队员与两名副攻队员）和两名二传队员组成，水平一般的球队多采用"四二"配备。

①"四二"配备的优点：前排每一轮次都有一名二传队员和两名进攻队员，便于组织"中二三""边二三"进攻战术，战术配合具有一定的稳定性。

②"四二"配备的缺点：进攻队员需要适应两名二传队员的传球技术特点和组织形式，不符合高水平球队的要求。

2. "五一"配备

"五一"配备由五名进攻队员和一名二传队员组成，五名进攻队员中的一名为接应二传，接应二传在二传队员来不及传球时承担传球任务，但主要还是承担进攻任务。"五一"配备的队员站位与"四二"配备基本相同。

①"五一"配备的优点：加强了拦网和前排进攻的力量，使全队的进攻队员只需适应一名二传队员的技术特点和战术组织形式，有利于统一指挥、相互配合，能够更好地控制比赛的进行，使进攻战术灵活多变；接应二传队员的进攻增强了球队攻击力。

②"五一"配备的缺点：当二传队员轮转到前排时，有三个轮次中前排只有两名进攻队员，进攻点过于暴露，影响前排整体进攻的威力。

（二）排球集体战术

1. 进攻战术

常见的进攻战术包括"中二三"进攻战术、"边二三"进攻战术、"插二三"进攻战术等。

2. 防守战术

常见的防守战术包括接发球防守战术，接扣球防守战术，接拦回球防守战术，接传、垫球防守战术等。

四、排球竞赛规则

（一）竞赛制度

竞赛制度是指比赛中参赛队之间如何进行比赛的方法，通常有淘汰制、循环制、混合制3种。在排球比赛中主要采用的竞赛制度是循环制。循环制是指参赛的各队在整个竞赛或同一小组中彼此都有相遇机会的比赛办法。这种办法能较合理地确定参赛队的名次。循环制又可分为单循环、双循环和分组循环 3 种。

循环制通常是根据比赛的胜负计算各参赛队成绩。如胜一场得 2 分，负一场得 1 分，弃权得零分，积分高者名次列前。

（二）主要规则

1. 暂停

每局比赛，每队最多可请求两次暂停。请求暂停，必须在比赛成死球后、裁判员鸣哨允许发球前，所有被请求的暂停时间均为 30s。暂停时，比赛队员必须离开比赛场区到球队席附近的无障碍区。

2. 换人

比赛成死球时，教练员或队长可以向裁判员提出换人要求，但不得延误比赛。换人完毕，比赛立即开始。换人时，任何人（包括教练员）不得向场上队员进行指导，场上队员也不得离开比赛场地。每局比赛，每队最多可请求 6 次换人。在同一次比赛间断中，同一队不得连续提出换人请求，但在同一次换人请求中可以同时替换多名队员。

3. 连击

同一名队员连续击球两次，或球连续触及其身体的不同部位，则被判为连击犯规。

4. 拦网

拦网是队员靠近球网在高于球网处阻挡对方来球的行为，与触球点是否高于球网无关。只有前排队员可以完成拦网，触球时前排队员身体必须有一部分高于球网上沿。多名队员彼此靠近进行拦网的行为被称为集体拦网，在一个动作中，球可以连续（迅速而连贯地）触及一名或多名的拦网队员。拦网时的触球不算作球队 3 次击球机会中的 1 次。拦网后可以由任何一名队员进行第一次击球，包括拦网时已经触球的队员。

5. 触网

在比赛进行时，场上队员身体的任何部位触及球网，包括标志杆之外的球网，则被判为触网犯规。

第三节　足球

一、足球运动简介

足球，有"世界第一运动"的美誉，是全球体育界最具影响力的单项体育运动。标准的足球比赛是由两队各派 10 名球员与 1 名守门员，在长方形的草地球场上进行的。

足球比赛目的是尽量将足球射入对方的球门内，每射入一球就可以得到一分，比赛结束后，得分多的一队胜出。如果在比赛规定时间内得分相同，则须依据比赛规则而定，可以通过抽签、加时再赛或互射点球等形式分高下。足球比赛中除了守门员可以在己方禁区内利用手部接触足球，球场上每名球员只可以利用上肢以外的身体其他部分控制足球（掷界外球时例外）。

早在我国汉代就有类似足球的运动了。汉代蹴鞠是训练士兵的手段，制定了较为完备的体制。如规定球场为东西方向的长方形，两端各设 6 个对称的"鞠域"，也称"鞠室"，各由一人把守。场地四周设有围墙。比赛分为两队，互有攻守，以踢进对方鞠室的次数决定胜负。到了唐宋时期，蹴鞠活动达到鼎盛，甚至出现了按照场上位置分工的踢法。唐代蹴鞠已有多种方式，有比赛颠球次数的"打鞠"；有场地中间挂网、类似网式足球的"白打"；有多人参与拼抢的"跃鞠"；还有了设立球门的比赛，这种方式每队有一定人数和固定位置，规定队员只能在自己的位置上踢，不能移动。

现代足球的起源地是英国。传说在 11 世纪，英格兰与丹麦之间有过一场战争，战争结束后，英国人在清理战争废墟时发现一个丹麦入侵者的头骨，出于愤恨，他们便用脚去踢这个头骨，一群小孩见了便也来踢，不过他们发现头骨踢起来脚痛，于是用充气后的牛膀胱来代替它——这就是现代足球的诞生。

到了 12 世纪初，英国开始有了足球赛。比赛是娱乐活动，一年两次，一般在两个城市之间举行。主持人把球往空中一抛，比赛就算开始。双方队员就会一拥而上，大叫大喊，又踢又抱，哪一方能将球踢进对方的闹市区，哪一方就算胜利。如果球中途窜入居民屋里，运动员也就一窝蜂地冲进去乱打乱踢，常常把屋里的东西砸得稀巴烂，房主只好自叹倒霉。路上行人碰到球滚来，就会遭受一场飞来的横祸。因此在当时，球赛一来，人们就得躲避灾难，关门闭户，一直到球赛结束，才恢复正常。这样的球赛遭到市民的强烈反对，英国政府便下了一道禁令：规定足球比赛要在空地上进行，进入闹市区者重罚，于是就出现了专门的足球场。到 19 世纪初期，足球运动在当时欧洲及拉美一些国家已经相当盛行。

1862 年，在英国诺丁汉郡成立了世界上第一个足球俱乐部。1863 年又成立了第一个足球协会，并统一了足球规则，现代足球诞生了。从 1900 年的第 2 届奥运会开始，足球被列为奥运会正式比赛项目，但不允许职业运动员参加。1904 年 5 月 21 日，国际足联在巴黎成立。1904 年，英国、法国、荷兰、比利时、西班牙、瑞典和瑞士 7 个国家的足球协会在法国成立了国际足球联合会。1930 年起，每 4 年举办一次世界足球锦标赛（又称世界杯足球赛），比赛取消了对职业运动员的限制。至此，足球比赛就变成了今天你所见到的样子。

二、足球基本技术

技术是完成战术的先导，只有熟练地掌握足球技术，才能在足球比赛中合理地、有目的地采用不同的技术动作处理球，以达到战术要求。从使用目的分，足球基本技术包括进攻技术和防守技术两大类。从表现形式分，足球基本技术可分为传球、射门、接球、运球过人、顶球、掷界外球、抢截、守门员技术等。

（一）传球

传球是组织进攻、变换战术和创造射门机会的有效手段。队员的传球和跑位组成了全队的进攻战术。常用的传球脚法有脚内侧、脚背内侧、脚背正面、脚背外侧、脚尖和脚跟等。现代足球比赛要求传球技术更加全面、准确、快速和熟练，传球动作的幅度、快慢要适应比赛场上的需要。目前在各国优秀运动员中，利用小腿快速摆动和依靠踝关节力量的传球动作日趋完善，许多运动员常常利用不同的摆腿方法，根据临场情况，采用弹、蹭、蹉、切、挑、摆等传球方法并利用球的旋转和弧度来控制落点，进行战术配合。50 年代初期，一些的优秀运动员首创了弧线球技术，现已被广泛运用。它能绕过障碍并有隐蔽性，但需要高超的技巧，如世界球王贝利常常能在短距离内传出难度很高、弧度较大的球。传球技术的发展，促使战术配合更加灵活、巧妙。

1.脚内侧踢球

脚内侧踢球是用脚内侧部位（跖趾关节、舟骨、跟骨等所形成的平面）踢球的一种方法。其特点是脚与球接触面积大，出球准确平稳，且易于掌握。但由于踢球时要求大腿前摆到一定程度再外展且屈膝，故大腿与小腿的摆动部受到限制，因此，出球力量相对较小。脚内侧踢球只适用于近距离传球配合和射门。

用脚内侧踢定位球时，直线助跑，支持脚踏在球的侧后方约 15 厘米处，膝关节微屈，在支撑脚着地时，踢球腿大腿带动小腿由后向前摆动。在前摆的过程中大腿外展，当膝关节的摆动接近球的正上方时，小腿做爆发式摆动，在触球前将脚跟送出使得脚内侧部位所形成的平面与去球方向垂直，踢球脚脚底与地面平行，脚尖微微翘起，踝关节保持紧张，用脚内侧部位击球的后中部。

2.脚背内侧踢球

脚背内侧踢球是一种用第一跖骨及跖趾关节部位触击球的踢球方法。用这种方法踢球的力量大，出球路线的变化多，适用于中远距离传球和射门，是被广泛应用的一种踢球方法。比赛中常用脚内侧踢定位球、传过顶球。

踢定位球时，斜线助跑，助跑方向与出球方向约成 45 度角，最后一步稍大，支撑脚踏在球侧后方，脚尖指向出球方向距球内侧后方约 20～25 厘米处，膝关节微屈，身体稍向支撑脚一侧倾斜。在支撑脚着地的同时，踢球腿以髋关节为轴，大腿带动小腿由后向前摆。当膝盖摆至接近球的内侧上方的刹那小腿做爆发式前摆，脚尖稍外转脚背跖屈，脚趾扣紧，以脚背内侧踢球的后中部，踢球腿继续前摆，两臂外展以维持身体平衡。用脚背内侧踢定位球时的动作如图 5-3-1 所示。

图 5-3-1　用脚背内侧踢定位球的动作示意图

3.脚背正面踢球

脚背正面踢球，摆幅相对较大，与球的接触面相对较大，因而踢球力度大，准确性也较强，但出球的方向变化也较小。在比赛经常使用脚背正面踢定位球、地滚球、空中球等。用脚背正面踢出的球多为不旋转的直线球。

用脚背正面踢定位球时，直线助跑，最后一步稍大，支撑脚全掌积极着地，踏在球的侧方 10～15 厘米处，脚尖正对出球方向，膝关节微屈，踢球腿屈膝后摆，在支撑脚着地的同时，以大腿带动小腿，加快小腿的摆速，由后向前摆，脚背绷直，当膝关节摆至接近球的正上方时，小腿做爆发式的摆动，以脚背正面部位击球的中后部。用脚背正面踢定位球时的动作如图 5-3-2 所示。

图 5-3-2　用脚背正面踢定位球时的动作示意图

4.脚背外侧踢球

脚背外侧踢球难度大，要求脚跟灵活、摆腿方向变化多，但其助跑姿势是正常的跑动姿势，出球隐蔽性较强。脚背外侧踢球运用范围广，变化多，突然性强，适用于中远距离的传球和射门。

用脚背外侧踢定位球时，动作基本与用脚背正面踢球相同，只是在踢球的瞬间，摆动腿的膝关节和脚尖内转，脚面绷直，脚趾紧屈并提膝，以脚外侧部位踢球的后中部。用脚背外侧踢定位球时的动作如图 5-3-3 所示。

图 5-3-3　用脚背外侧踢定位球时的动作示意图

（二）射门

足球比赛的直接目的是射门得分，能否把球射入对方球门是比赛胜负的关键。射门主要在攻守争夺最激烈的罚球区附近进行，这个地区防守人数常常多达 7～8 人。现代足球比赛要求每个队员必须全面熟练地掌握和运用各种射门技术，尤其是以用脚背正面、脚背内侧、脚背外侧和脚内侧为主的摆射、抽射、削射、弹射、推射、切射等技术。同时，还要在快速行进、激烈对抗，甚至身体失去平衡的情况下完成各种高难度射门动作（如倒地卧射、凌空射、跃起头顶、倒勾、跨步捅射、铲射等）。另外，还要练好罚球区附近的定位球及角球的配合射门技术。成功的射门需要锐利的观察、准确的判断、良好的身体素质和全面的技术。

（三）接球

接球是运动员有目的地用规则允许的身体部位，把运行中的球接停在所需要的位置，以便完成传球、运球过人、射门等动作。接球是衔接下一个技术动作的过渡性技术。比赛中常用的接球方法有脚内侧接球、脚底接球、脚背接球、脚外侧接球、大腿接球、胸部接球和头部接球等。现代足球比赛要求运动员在接球的同时就尽量摆脱对手，并立即衔接下一个技术动作。可根据来球的高度及落点采用不同的部位接球，接地滚球和空中球时要做好缓冲来球力量的动作，接反弹球时要掌握好球的落点及脚触球的时间和角度。下面将介绍几种常见的接球方法。

1.脚底接球

由于脚底接触球的面积大，易将球接稳，脚底接球一般用于接正面地滚球和反弹球。

（1）用脚底接地滚球。身体正对来球方向，移动前迎，支撑脚站在球的侧面，脚尖正对来球方向，膝关节微屈，同时接球腿提起，脚略背屈，一般以前脚掌接触球的上部为宜。

（2）用脚底接反弹球。根据来球落点，及时前移迎球，支撑脚站在球落点的侧后方，脚尖正对来球方向，球落地瞬间，用前脚掌去触球的中上部，微伸膝，用脚掌将球接在体前。

2.脚内侧接球

脚内侧接球比较容易掌握，脚接触球的面积大，接球稳，用途广，并易于改变球的方向和与下一动作的结合，可以用来接地滚球、反弹球和空中球。

用脚内侧接反弹球，要及时移动到位，支撑脚在球落点的侧前方，支撑腿膝关节微屈，身体向接球后球要去往的方向偏移。接球脚提起且小腿放松，脚尖微翘，脚内侧对着接球后球要去往的方向并与地面成一锐角。当球落地反弹刚离地面时，大腿向接球后球要去往的方向摆动，用脚内侧部位轻轻推球的中上部。

3.脚背外侧接球

脚背外侧接球常与假动作结合起来做，有隐蔽性，可用于接地滚球、反弹球和空中球。

4.胸部接球

由于胸部面积大，有弹性，位置高，可以用来接高球。接球时身体面对来球，两脚左右开立，两臂自然张开，挺胸迎球，触球瞬间收胸、收腹、臀部后移，将球接在体前。

（四）运球过人

运球过人是控制球、组织进攻与防守、寻找传球时机、突破防线获得直接射门得分的基础，是衡量球员技术水平的标志，在足球技术中占有重要地位。运球时常用脚背正面、脚背外侧、脚背内侧、脚内侧等部位来推拨球，使球始终处在自己的控制范围内。过人突破时常采用拨、拉、扣、挑、捅、推等动作或结合上体和下肢的假动作，在对手身体失去平衡或犹豫不决时乘隙而过。现代足球比赛中过人突破的特点是快速突然，在接球的同时就试图摆脱并越过对手，在运动中变速变向。在运球过人时，要善于掌握时机，针对不同对象，采用不同方法，处理好个人行动与集体配合的关系。

1.拨球

拨球利用脚踝关节侧向的转动，以达到用脚背内侧或脚背外侧触球，将球投向身前方、侧方、侧后方的运球技术。

2.拉球

拉球时将前脚掌放在球的上部或侧上部，另一脚在球的侧后方支撑，然后触球脚向用力将球拉回。回拉球一般都是在引诱对方球员出脚抢球的瞬间将球拉回，使对方球员重心随抢球脚前移，在其重心难于返回的瞬间将球迅速推送出去，越过防守。除了往回拉以外，还常使用接触球上部的左右侧拉球。

3. 扣球

扣球的动作与拨球基本相同，不同的是它的用力是突然的，并伴随着突然转身，在对方球员来不及调整其重心的瞬间，突然向反方向推送球，越过防守。

（五）顶球

球员常常运用额正面、额侧面的顶球技术来传球、射门、抢断空中球。争顶球是门前进攻和防守的一项重要技术，也是进攻方高吊高打、攻克密集防守的有效手段之一。防守球员为了保护本队球门，也积极地争顶门前高球，以解除危机。

顶球的方法包括前额正面原地顶球、前额正面跳起顶球、前额侧面原地顶球、前额侧面跳起顶球、前额正面鱼跃顶球、前额正面向后顶球等。下面将介绍几种常见的顶球方法。

1. 前额正面原地顶球

前额正面原地顶球时，两眼注视来球，身体正对来球方向，两脚前后开立，膝关节稍屈，上体后仰，重心放在后脚上，两臂自然张开。当球运行到身体垂直部位前的一刹那，后脚用力蹬地，上体由后向前急剧摆动，收腹，身体重心移向前脚。顶球时，颈部用力保持紧张，用前额正面顶球的后中部。顶球后，上体随球继续前摆。前额正面原地顶球时的动作如图5-3-4所示。

图 5-3-4　前额正面原地顶球动作示意图

2. 前额正面跳起顶球

前额正面跳起顶球时，要先判断好来球方向和高度，然后起跳。起跳分为原地双脚起跳和助跑单脚起跳。原地双脚起跳时，两腿弯曲，重心下降，然后两脚用力蹬地起跳。单脚起跳时，先跑3～5步，然后一脚用力蹬地起跳，同时另一腿屈膝上摆，带动身体向上。起跳后，上体后仰成弓形，两臂自然张开，两眼注视来球，在跳到最高点准备顶球时，身体在空中成弓形，收腹，上体快速前摆，甩头，用前额正面将球顶出，然后缓冲落地。

（六）掷界外球

掷界外球是足球比赛中除守门员外，唯一允许用手接触球的特殊技术。它只在球出边线后，重新开始比赛时使用，其特点是准确性高。如果在前场边线外能及时而有力地将球掷入罚球区附近，是一种很有威胁的进攻手段。因此，许多球队都专门培养 1 ～ 2 名掷球手，以增强掷界外球时进攻威力。

1. 掷界外球

掷界外球分为原地掷界外球和助跑掷界外球两种。

（1）原地掷界外球

将球掷向距离较近的同伴时，采用原地掷界外球的方法。

原地掷界外球时，面对掷球方向，两脚前后或左右开立，上体后仰成背弓形，重心移到后脚上，两手自然张开持球，虎口相对，略靠球的后方，屈肘将球举过头后。掷球时，两脚用力蹬地，收腹摆体，两臂急速前摆，并用手腕力量将球掷出。掷球时，两脚不能同时离地，任意一脚不得踏入场地内，但可以踏在边线上。

（2）助跑掷界外球

将球掷给距离较远的同伴或掷向罚球区附近时，采用助跑掷界外球的方法。

助跑时将球持在胸前，助跑距离不宜太长，一般为 6 米左右，在迈出最后一步的同时将球上举至头后，重心在后，身体后仰，掷球时的动作与原掷界外球的动作相同。

（七）抢截球

抢截球技术是在规则允许的范围内，使用身体的合理部位，将对手控制下或传递中的球截下来或破坏掉的足球技术，是防守的一项主要技术。常用的抢截球技术有站位堵击、逼堵、断抢、争顶、铲踢等。

由于个人突破能力的提高和进攻能力的增强，防守技术也发生了一些新变化，如出现了围抢、夹击等抢截球技术等，比赛中的铲球动作也日趋增多。

1. 抢截球的主要方法

抢截球的三个步骤是断球、抢球和捅球（破坏球）；抢截球的三种方法是正面抢截球法、侧面抢截球法和侧后抢截球法。

（1）正面抢截球法

正面抢截球法是正对来球队员进行抢截的一种方法。

正面抢截球时，两脚前后开立，两膝稍弯曲，身体重心下降，面向对手。抢球时，支撑脚弯曲，身体重心移向支撑脚，当对方运球脚接触球的一刹那，猛然上前抢球，以抢球脚的内侧正对来球，膝稍屈，后腿蹬直，身体重心由后脚移到前脚上，上体前倾，如双方的脚同时触球，则要顺势将球向上提拉，使球从对方脚背滚过，将球夺过来。正面抢截球时的动作如图 5-3-5 所示。

图 5-3-5　正面抢截球动作示意图

（2）侧面抢截球法

侧面抢截球法是防守队员与控球者平行跑动或从后面追成与控球者平行时，采用的抢截球方法。当防守队员与控球者接近时，控球者必然用外侧脚运球，以掩护球，这时防守队员因距球较远，无法直接伸脚抢到球，就必须借助合理冲撞抢球。

侧面抢截球时，首先要靠近对方，在对方的近侧腿提起时，立即进行冲撞，即以肘部以上的外侧部位接触对方，使其失去平衡而离开球，乘机将球抢过来。冲撞时上臂要紧贴身体，不可以有向外推的动作，冲撞的动作要快，力量要适中，防止自己失去平衡或犯规。

（八）守门员技术

守门员是全队最后一道防线，其主要任务是防止球进入本队球门。守门员必须冷静沉着、勇敢果断，他的竞技状态直接影响到本队的士气和成败。为了守住球门，守门员要有敏锐的观察力和准确的判断力，要善于选位。守门员不论采用哪种方式接扑球，都要把球接牢，一旦脱手，要立即再次扑球。

当守门员获得球后，要立即发起进攻。可采用单手肩上掷球、低手掷球和勾手掷球等方法组织快速反击；也可用抛踢空中球和反弹球的方法把球传给距离较远的同伴。

现代足球比赛中，对门前的争夺日趋激烈，守门员的活动范围也随之增大，而且拳击球技术也日益受到重视。守门员还要善于观察全局，尽可能协助队长适时地指挥全队进攻和防守。

三、足球基本战术

足球战术是为了在比赛中战胜对手，根据主客观的实际情况所采取的个人和集体配合的手段的综合表现。实践证明，全队熟练而巧妙地运用足球战术是获得比赛胜利的重要因素。

足球比赛是由攻和守这对矛盾组成的，攻和守的不断变换组成了比赛的全过程。因此，足球战术可分为进攻战术和防守战术两种，其中又分别包含着个人战术和集体战术两类。

对于19世纪的足球运动员来说，足球并不复杂。除了守门员外的10名队员在球场上像猎杀动物一样追逐皮球，没有科学的研究和严谨的战术为指导。随后，许多足球队员都意识到了足球那无序的滚动和飞驰的速度比人的跑动要快，如果没有一个有组织和有结构的管理，比赛场上的队员们就会为此而消耗大量不必要的体力。

（一）简单战术

1. 补位战术

补位战术是足球比赛中局部区域的队员集体配合进行防守的一种简单战术。当防守过程中一名防守队员被对手突破时，另一名队员则应立即上前补位，进行堵封。

2. 围抢战术

围抢战术是指比赛中在某局部区域上，防守一方利用人数上的相对优势，通常是两三名防守队员同时围堵对方的持球队员，以求在短暂时间内达到抢截球或破坏对方进攻的目的。

3. 造越位战术

造越位战术是利用规则而设计的一种防守战术，是一种以巧制胜的省力打法，因而成为一种重要的防守手段。但由于其配合难度较大，搞不好会适得其反，让对手钻空子，因此造越位战术往往只为水平较高的球队所采纳，且在一场比赛中也不宜多次运用。

（二）复杂战术

1. 集体战术

集体战术是指两名或两名以上队员在比赛中为了完成全队攻防任务而采用的局部协同作战的配合方法，包括"二过一"配合、"三过二"配合和反切配合等进攻战术。

（1）二过一配合

"二过一"配合是指两个进攻队员，通过传球配合突破一名防守队员的防守。"二过一"配合是集体配合的基础，可以在球场的任何区域运用这种配合来摆脱对方的防守。运用"二过一"配合时，传球要平稳及时，一般多用脚内侧、脚外侧等脚法传球，传出的球多以低平球为主，尽可能将球送到接球队员脚下或其前方二、三步远的地方。

（2）"三过二"配合

"三过二"配合是指在比赛中的局部区域，由 3 名进攻队员通过连续配合突破两名防守队员的防守。由于这种配合有两名同队队员可以同时接应传出的球，因此持球队员的传球路线变得更多，进攻范围也扩大不少。

2. 全队防守战术

全队防守战术可分为盯人紧逼防守和区域紧逼防守两种基本类型。盯人紧逼防守又称人盯人防守，即在规定的范围内盯人紧逼，不交换防守队员。区域紧逼防守是盯人防守和区域防守相结合的防守战术，是现今流行的综合防守战术之一。这种防守战术最根本的原则是紧逼和保护。只有紧逼才能有效地主动抢断，压制对方的技术优势从而获取主动权；保护是为了更好地紧逼和控制球场上的空当。

3. 全队进攻战术

全队进攻战术是指比赛中一方获得球后，通过全队队员之间的传递配合而达到射门的目的的战术。全队进攻战术的进攻范围比较广，经常用于全队压迫进攻和快速反击等时候。下面将介绍几种常见的全队进攻战术。

（1）边路进攻战术

利用球场两侧区域发起进攻的战术叫边路进攻战术。边路进攻战术是全队进攻战术的主要形式之一，其主要特点是有利于发挥进攻速度，打破对方防线，找到防守缺口。

（2）中路进攻战术

中路进攻战术是利用球场中间区域组织进攻的战术。这种战术虽能便于直接射门，但执行难度最大。因中路是对方防守最为严密的区域，所以参与进攻的队员必须具备技术高、速度快、敢于冒险和善于策应等特点。

（3）快速反击战术

快速反击战术是最有威胁的进攻战术之一，但其难度较大。运用快速反击战术时，配合要极为默契，必须经过专门训练，否则很难在比赛中奏效。

（4）定位球战术

定位球战术是指在比赛中，利用发定位球的机会组织全队进攻的战术。定位球战术包括中圈开球战术、角球战术、任意球战术、点球战术、掷界外球战术等。

在势均力敌的高水平比赛中，定位球战术有时能起决定胜负作用。运用定位球战术时要简化配合，适时寻找射门机会。只有经过反复练习，才能在比赛中奏效。

四、足球竞赛规则

（一）基本规则

1.比赛场地

足球场呈长方形，长度为 90 ～ 120 米，宽度为 45 ～ 90 米。国际足联规定标准足球场的长度为 105 米，宽度为 68 米。

2.比赛时间

比赛应分为两个半场，每个半场的时间为 45 分钟。每个半场中由于各种原因损失的时间均应补足，这段时间的长短由裁判员决定。上半场和下半场之间的休息时间不得超过 15 分钟。下半场开始时，两队应互换场地。

3.比赛胜负判定方法

凡球的整体从门柱间及横木下越过球门线，而并非球员用非正常手段进球，均视为攻方胜一球。在比赛中，胜球较多的一队为得胜队。如双方均未胜球或胜球数目相等，则这场比赛的结果为平局。

4.点球

防守方在自己禁区内犯规时，对方可以罚点球。

5.球门球

当球从球门外越出球门线，而最后触球者为攻方队员时，由守方队员在罚球区内任意点踢出球门球以恢复比赛。踢出球门球前，对方队员都应站在罚球区外。

6.角球

当球从球门外越出球门线，而最后触球者为守方队员时，由攻方队员将球放在离球出界处较近的角球区内踢角球。踢出角球的队员在球被其他队员触及前，不得再次触球。

（二）比赛相关人员

1. 参赛球员

每队上场比赛的队员人数不得超过 11 人，且必须有一名守门员。每队在比赛时可有 1 ～ 2 名替补队员。

2. 裁判员和巡边员

裁判也是一场球赛的关键人物，每场比赛应委派一名裁判员执行裁判任务。在比赛暂停或比赛成死球时出现的犯规，裁判员均有判罚权。裁判员在比赛过程中，根据比赛实际情况所做的判决，应为最后判决。

每场比赛应委派两名巡边员，他们的职责是示意何时球出界成死球，应由哪一队踢角球、球门球或掷界外球，哪一队要求更换替补队员。另外，他们还应协助裁判员按照规则控制比赛。

第六章
小球运动项目

第一节 乒乓球

一、乒乓球运动简介

（一）认识乒乓球

乒乓球是由两名或两对选手、用球拍在中间隔放一个球网的球台两端轮流击球的一项球类运动。乒乓球为圆球状，重量为 2.53 ～ 2.70 克，白色或橙色，用赛璐珞或塑料制成。乒乓球在中国被称为国球，也是世界流行的球类体育项目之一。

（二）乒乓球的演化

乒乓球起源于英国。19 世纪末，欧洲盛行网球运动，但由于受到场地和天气的限制，英国有些大学生便把网球移到室内，以餐桌为球台，以书作球网，用羊皮纸作球拍，在餐桌上打来打去。1890 年，几位驻守印度的英国海军军官偶然发觉在一张不大的台子上玩网球颇为刺激。后来他们改用实心橡胶代替弹性不大的实心球，随后改为空心的塑料球，并用木板作为球拍，在桌子上进行这种新颖的"网球赛"，这就是 Table Tennis 得名的由来。

乒乓球出现不久，便成了一种风靡一时的热门运动。20 世纪初，美国开始成套地生产乒乓球比赛用具，它是美国最受欢迎的持拍运动，有超过 20 万美国人在打乒乓球。最初，Table Tennis 有其他的名称，如 Indoor Tennis，后来，一位美国制造商以乒乓球撞击时所发出的声音创造出 Ping-Pang 这个新词，作为他制造的"乒乓球"专利注册商标，Ping-Pang 后来成了 Table Tennis 的另一个正式名称，当它传入中国后，人们又创造出"乒乓球"这个新的词语。

乒乓球运动的很多用词是从网球演变而来的。

20 世纪初，乒乓球运动在欧洲和亚洲蓬勃开展起来。

1926 年，第一届世界乒乓球锦标赛举办。运动员使用的球拍虽形状各异，但都是木制的，球弹出后速度慢、力量小，没有什么旋转技巧，打法也很简单，就是把球在两者之间推来推去。

1903 年，英国人古德发明了胶皮球拍，有力地促进了乒乓球技术的发展。从 1926 年到 1951 年，世界各国选手大都使用表面有圆柱形颗粒的胶皮拍。击球时增加了弹性和摩擦力，可以使球产生一定的旋转。20 世纪 50 年代初，奥地利人发明了海绵球拍。最初的乒乓球是一种类似网球的橡胶球，1890 年，英国运动员吉布从美国带回一些作为玩具的赛璐珞球，将其用于乒乓球运动。

1959 年，中国运动员开始登上国际乒坛，逐渐形成了以"快、准、狠、变"为技术风格的直拍近台快攻打法。

1982 年，国际奥委会通过了关于从 1988 年起把乒乓球列为奥运会正式比赛项目的决定，推动了乒乓球运动更快的发展。

2000 年，国际乒联特别大会和代表大会在吉隆坡通过 40 毫米大球改革方案，决定从

2000 年 10 月 1 日起，使用直径为 40 毫米、质量为 2.7 克的大球，从而取代了直径为 38 毫米的小球。

中国选手一直在乒乓球项目中有着极为出色的表现，中国乒乓球队一直以"梦之队"的姿态出现在奥运赛场上，乒乓球项目也是中国代表团最为稳固的夺金点之一。

二、乒乓球竞赛规则

（一）场地设施

1. 比赛场地
乒乓球的比赛场地为长方形，其长度不得小于 14 米，宽度不得小于 7 米，天花板高度不得低于 4 米。

2. 乒乓球台
球台的上层表面叫作比赛"台面"，应为与水平面平行的长方形，长为 2.74 米，宽为 1.525 米，离地面的高度为 0.76 米。台面一律为均匀的暗色，无光泽，沿边线边缘及长的端线边缘应有一条 2 厘米宽的白线。比赛台面由一个垂直的球网划分为两个相等的"台区"。

（二）乒乓球简规

（1）怎样判定一局比赛的胜负？在一局比赛中，先得 11 分的一方为胜方；比分出现 10 平后，先多得 2 分的一方为胜方。

（2）什么是一场比赛？一场比赛通常采用七局四胜制或五局三胜制。一场比赛应连续进行，但在局与局之间，任何一名运动员都有权要求不超过两分钟的休息时间。

（3）每发球两次球即换对手发球，依此类推，或者直至双方比分都达到 10 分后实行轮换发球，每人只发一球。

（4）一局比赛结束，在该场的下一局比赛时应互换站位。单打比赛的决胜局中，当有一方满 5 分时，双方应交换位置。

（5）对方发球或还击后，本方必须击球，使球直接越过或绕过球网装置（包含触及球网装置）后，再触及对方台区。

（6）重发球。出现下列情况时，发球方可以重新发球。

①发球时触及球网，此后成为合法发球或被接发球员或其同伴阻挡。

②由于发生了运动员无法控制的干扰，如灯光熄灭等原因，而使运动员未能合法发球、合法还击或未能遵守规则。

③裁判员或副裁判员宣布暂停比赛。

第二节　羽毛球

一、羽毛球运动简介

（一）认识羽毛球

羽毛球是一项室内、室外都可以进行的体育运动。依据参与的人数，可以分为单打与双打，及新兴的 3 打 3。球拍由拍面、拍杆、拍柄及拍框与拍杆的接头构成。一支球拍的长度不超过 68 厘米，拍框长度不超过 28 厘米，宽不超过 23 厘米。随着科学技术的发展，球拍的发展向着重量更轻、拍框更硬、拍杆弹性更好的方向发展。

（二）羽毛球的演化

早在 2000 多年前，一种类似羽毛球运动的游戏就在中国、印度等国出现。中国叫打手毽，印度叫浦那，西欧等国则叫作毽子板球。19 世纪 70 年代，英国军人将在印度学到的浦那游戏带回国，作为茶余饭后和休息时的消遣娱乐活动。

现代羽毛球运动诞生在英国。1873 年，在英国格拉斯哥郡的伯明顿镇有一位叫鲍弗特的伯爵，在他的领地举办游园会，有几个从印度回来的退役军官就向大家介绍了一种隔网用拍子来回击打毽球的游戏，人们对此产生了很大的兴趣。因这项活动极富趣味性，很快就在上层社会社交场上风行开来。"伯明顿"（Badminton）即成为羽毛球的英文名字。1893 年，英国 14 个羽毛球俱乐部组成羽毛球协会。

羽毛球运动约于 1920 年传入我国，新中国成立后得到迅速发展。20 世纪 70 年代，我国羽毛球队已跻身于世界强队之列。

羽毛球在 1992 年的巴塞罗那奥运会上被列为正式比赛项目，共设男子单打、女子单打、男子双打、女子双打、混合双打共 5 项比赛。其余的羽毛球比赛也很多，像汤姆斯杯、尤伯杯及世界羽毛球锦标赛等。

二、羽毛球竞赛规则

（一）场地设施

1. 比赛场地

羽毛球场地是一个长 13.40 米，双打宽 6.10 米，单打宽 5.18 米，双打球场对角线长 14.723 米，单打球场对角线长 14.366 米的长方形场地。理想的羽毛球比赛场地地面是用有弹性的木材拼接而成的。目前，国际比赛已采用化学合成材料作为可移动的塑胶球场。不论是采用木板地面还是合成材料地面，都必须保证运动员在比赛中不感到太滑或太黏，并有一定的弹性。

2. 羽毛球网

羽毛球网长 6.10 米，宽 0.76 米，由优质深色的天然或人造纤维制成。羽毛球网网孔大小在 15 ～ 20 毫米之间，网的上沿应缝有 75 毫米宽的双层白布（对折而成），并用细钢丝绳或尼龙绳从夹层穿过，牢固地张挂在两网柱之间。正式比赛时，球网中部上沿离地面必须为 1.524 米高，球网两端高为 1.55 米。球网的两端必须与网柱系紧，它们之间不应该有缝隙。

（二）羽毛球规则

1. 计分制度

（1）羽毛球比赛每局采用 21 分制，即双方分数先达到 21 分者胜，比赛采用 3 局 2 胜制。每局中，一方先得 21 分且领先对方至少 2 分即算该局获胜；否则继续比赛；若双方打成 29 平后，一方领先 1 分，即算该局取胜。

（2）新制度中每球得分，并且除特殊情况（比如地板湿了，球打坏了），球员不可再提出中断比赛的要求。但是，每局中某一方以 11 分领先时，比赛进行 1 分钟的技术暂停，让比赛双方进行擦汗、喝水、休息等。

（3）得分一方有发球权，如果本方当前得分为单数，从左边发球；当前得分为双数，从右边发球。

2. 羽毛球站位规则

（1）单打

①发球员的分数为 0 或双数时，双方运动员均应在各自的右发球区发球或接发球。

②发球员的分数为单数时，双方运动员均应在各自的左发球区发球或接发球。

③球发出后，双方运动员击球就不再受发球区的限制，运动员的站位可以在自己这方场区的界内或界外。

（2）双打

①一局比赛开始，应从右发球区开始发球。

②只有接发球员才能接发球；如果他的同伴接球或被球触及，发球方得一分。在发球方得分为 0 或双数时，由站在右发球区的运动员发球或接球；发球方得分为单数时，则由站在左发球区的运动员发球或接发球。

③接发球方得一分时，由接发球方运动员之一发球，如此交换发球权。注意，交换发球权时双方 4 位运动员都不需要变换站位。

④球发出后，双方运动员击球就不再受发球区的限制，运动员的站位可以在自己这方场区的界内或界外。

3. 羽毛球比赛规则

（1）发球

①发球员和接发球员都必须站在各自发球区内发球和接发球，脚不能触及发球区的界限；两脚必须都有一部分与地面接触，不得移动，直至将球发出。

②发球员的球拍必须先击中球托，与此同时整个拍框必须低于发球员的腰部。击球瞬间拍杆应指向下方，从而使整个拍框明显低于发球员的整个握拍手部。发出的球必须向上飞行过网，如果不受拦截，应落入接发球员的发球区。

（2）重发球

羽毛球比赛中，遇到下列情况时应当重发球。

①遇到不能预见或意外的情况，应重发球。

②除发球外，球过网后，球挂在网上或停在网顶，应重发球。

③发球时，发球员和接发球员同时违例，应重发球。

④发球员在接发球员未做好准备时发球，应重发球。

（3）比赛中的出界

①单打的边线是内侧边线的外沿。双打的边线是外侧边线的外沿。

②单打和双打的前发球线都是最靠近球网且平行球网的一条线。

③单打的后发球线就是底线。发球区位于前发球线和后发球线之间。

④双打的后发球线是底线前的那一条线。发球区位于前发球线和后发球线之间。

第三节　健步球

一、健步球运动简介

（一）概念与名称

健步球（Ground Golf）运动是一项在走路过程中，用球杆击球，以击球进洞（也称穴位器）为目标的，适合于百姓参与的户外休闲娱乐健身运动。它所需器械简单，技术规则简单，场地设置灵活便利，深受人们喜爱。

走路是健步球运动最基本并持续进行的身体动作，可以有效增强参与者的心肺功能和腿部力量；挥杆击球是该项运动的目标性动作，可以有效锻炼身体的协调性和稳定性。参与其中，拿起球杆，迈开双腿，在阳光下，在轻松愉快的气氛中，收获健康，增进友谊。

（二）产生与发展

1. 产生

20 世纪 80 年代初，日本鸟取县东伯郡泊村教育委员会为了使高尔夫球运动更加简单化和大众化，依据高尔夫球运动的相关规则，经过改良和精简形成了健步球运动。

2. 国际发展

目前，健步球运动已在韩国、新加坡、俄罗斯、中国等地得到了良好的推广与发展。2013 年，在日本举办了东亚地区健步球比赛。

3. 在中国的发展

1997 年，健步球运动传入中国。2007 年，上海市健步球协会成立。2021 年，山东省健步协会成立。

（三）健步球运动特点

健步球运动具有简单化、小型化、大众化、灵活性和趣味性等特点。

1. 简单化

健步球运动所需的器械简单，玩法、规则、技术等也简单。

2. 小型化

一个比赛用的 8 洞健步球场地总占地面积也不过 1000 多平方米，球洞与球洞间的最大长度是 50 米。

3. 灵活性

健步球运动所需的器械携带方便，场地无须专门规划和建设，灵活便利。

4. 大众化

男女老少都可以参与到健步球活动中。一个 8 洞健步球比赛场地可同时容纳 50 ～ 80 人参与。

5. 趣味性

健步球运动体现了一种挑战文化。参与者在一次次自我挑战、自我征服和自我超越的体验中，获得一种身心的愉悦。

拓展阅读

高尔夫球运动与健步球运动的异同

比较项	高尔夫球运动	健步球运动
基本玩法	都是走着路打球，并最终击球进洞	
健身功能	都是有氧运动。走路时能健身，挥杆时能锻炼全身协调能力	
比赛胜负	都是用最少的击球次数（即杆数）将球击入洞内，则胜出	
运动器械	器械复杂多样、价位高，不符合百姓消费水平，不利于大众参与	器械简单、价位低，符合百姓消费水平，便于大众参与
运动场地	运动场地大、专门规划建设、造价高，不便于大众参与	运动场地可大可小，无需专门建设，球洞可移动，设置灵活便利，随处一空地都可以临时设置为健步球运动场地，便于大众参与
技术要求	技术要求高，需专门训练	门槛低、简单易学，不管男女老少，拿起球杆即可参与其中
运动定位	高端化	大众化、平民化，适合全民健身
参与人群	可多人参与活动或比赛。但因其非大众化的特点，一般参赛人数不多	可多人同场参与活动或比赛。一般情况，一个 8 洞健步球比赛场地可同时容纳 50 ～ 80 人参与比赛
运动损伤	技术要求高，训练不当容易出现运动损伤	技术要求低，不易出现运动损伤
环境保护	场地维护成本高，且会带来一定的环境污染	绿色环保

中国古代捶丸游戏

捶丸是我国古代一种传统的民俗游戏。捶者打也，丸者球也，所以，捶丸即打球，是一种在走路的过程中用棒（即球杆）击球（入洞）的运动。

关于捶丸活动的最早记述，见于元代的《丸经》。《丸经》全书共32章，不仅追述捶丸的发展历史，记述了捶丸活动的场地、器具、竞赛规则以及各种不同的击法和战术，还对球场道德等都做了全面系统的总结和记述。

根据《丸经·集序》中"至宋徽宗、金章宗，皆爱捶丸"的记述，可知捶丸形成期的下限至晚在北宋徽宗宣和七年（1125）。那时，上至皇帝、大臣，下至百姓，男女老幼，皆对捶丸乐此不疲。宋代就已经出现了描写儿童玩捶丸游戏的诗歌：

城间小儿喜捶丸，

一棒横击落青毡。

纵令相隔云山路，

曲折轻巧入窝圆。

现藏于故宫博物院的《明宣宗行乐图》长卷中，有一部分描绘的就是捶丸时的画面，如图6-3-1所示。

由于捶丸的活动量不是很大，而又能"收其放心，养其血脉，怡择乎精神"（《丸经·集序》），因此也是妇女喜好的休闲娱乐活动之一。现藏于上海市博物馆的明代杜董的《仕女图卷》中，就描绘了明代贵族妇女捶丸时的画面，如图6-3-2所示。

图6-3-1 《明宣宗行乐图》中描绘的捶丸时的画面

图6-3-2 《仕女图卷》中描绘明代贵族妇女捶丸时的画面

捶丸游戏的器具包括丸（即球）和棒（即球杆）。捶丸场地中要挖一些比球稍大的球穴，称作窝，球窝旁插彩旗作为标记。用球棒击球进窝。《丸经·正仪章》说："断场建窝，球场上断成了窝，立彩色旗儿。"不仅如此，捶丸也有开球的地方，称作"基"。

二、健步球运动器械与场地

高尔夫球运动属于一项高消费休闲运动，甚至被认为是一项贵族运动，其器械装备复杂且价格不菲，巨大的场地建设和维护费用就更不用说了，所以高尔夫球运动的消费水平是普通百姓难以企及的。而健步球球就完全不同了，其器械装备和场地都非常简单，符合百姓消费水平，便于大众参与。

（一）器械

健步球运动所需器械很简单，参与者每人只需 1 根球杆、1 个球，场地上运动摆放可移动球洞（穴位器），每个球洞匹配一个开球垫，健步球运动所需器械如图 6-3-3 所示。

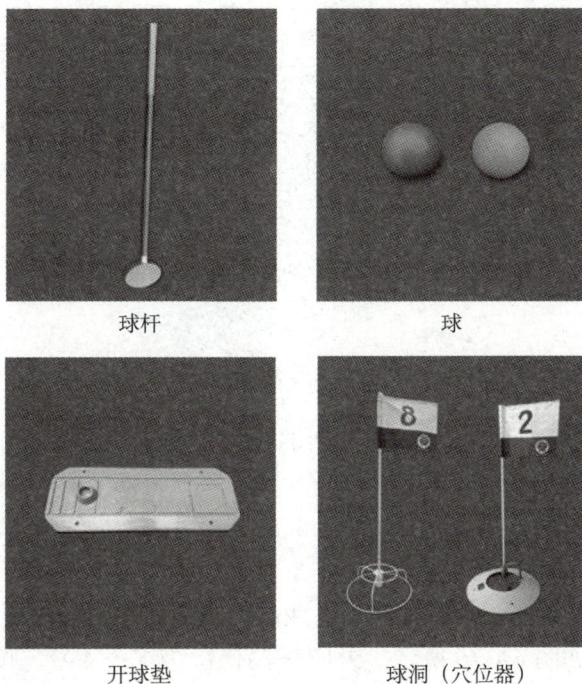

球杆

球

开球垫

球洞（穴位器）

图 6-3-3 健步球运动所需器械

（二）场地及其设置

健步球运动的场地无须专门规划建设，也无须在地上挖球洞，选择可移动的球洞即可，因此无论在城市还是乡村，无论在运动场、公园还是庭园，任意一处天然草地、土地、沙滩、河滩或人造草坪，无论其平整与否，都可临时设置为健步球球场，灵活方便。

1. 球洞设置

每一个球洞都设置有开球垫和球洞，两者之间的带状区域称作球道，其长度可自定，一般健步球比赛球道最长为 50 米，球洞设置如图 6-3-4 所示。

2. 日常健身活动场地设置

日常健身活动中，健步球的场地设置非常灵活。场地可大可小，可根据实地情况随意摆放数量不等、球道长度不等的球洞。场地小时，则可少摆放几个球洞；场地大时，则可多摆放几个球洞。球道的长度也可长可短。

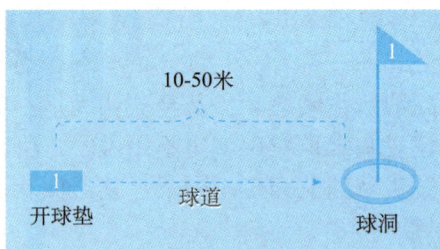

图 6-3-4　球洞设置示意图

球洞设置不少于 3 个时，一般要将其设置为环形，以便于循环打球。设置 3 个球洞的球场如图 6-3-5 所示。

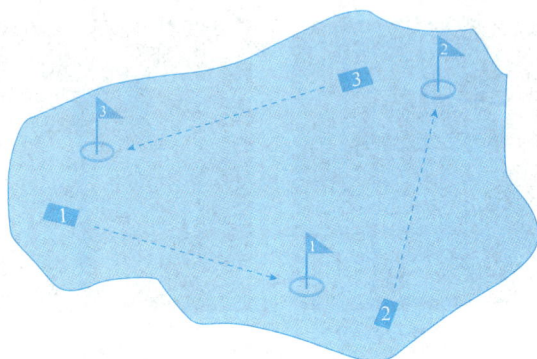

图 6-3-5　设置 3 个球洞的球场示意图

注意：上一球洞与下一球洞开球垫之间的距离要适中，即有利于逐个球洞循环打球，又能避免不同组的队员间互相影响。切勿将开球垫放在其他球洞的球道上，否则会影响比赛的顺利进行。

3. 标准尺寸比赛场地设置

标准尺寸健步球比赛场地一般设置 8 个球洞，分为外圈球洞和内圈球洞。矩形标准尺寸的健步球比赛场地如图 6-3-6 所示。外圈球洞依次为 1 ～ 4 号，按照逆时针顺序排列；内圈球洞依次为 5 ～ 8 号，按照顺时针顺序排列。1 ～ 8 号球洞的球道长度依次为 30 米、50 米、30 米、50 米、25 米、15 米、25 米、15 米。

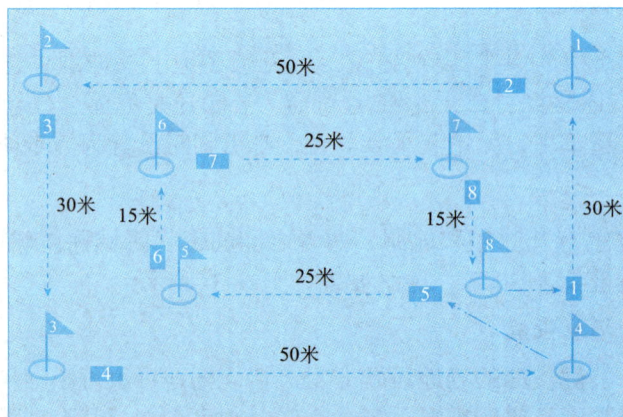

图 6-3-6　矩形标准尺寸健步球比赛场地示意图

如果场地的形状不规则，则可在保持各球洞位置和各球洞球道长度的基础上，将其设置为不规则形状的标准尺寸健步球比赛场地，如图 6-3-7 所示。

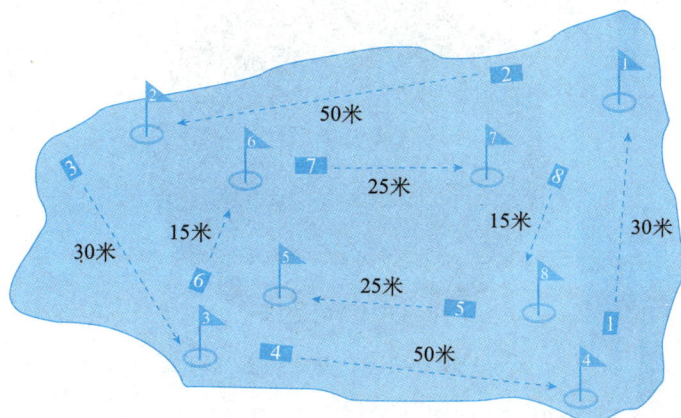

图 6-3-7　不规则形状的标准尺寸健步球比赛场地示意图

如果地方不够大，不能在同一块场地上同时摆放 8 个球洞，则可以按照相应的球道长度要求，将球洞分散摆放在互不相连的几块场地上，只要能满足 8 个球洞的球道长度即可。例如，可将 3 块不规则小场地组合成的一个标准尺寸健步球比赛场地，如图 6-3-8 所示。

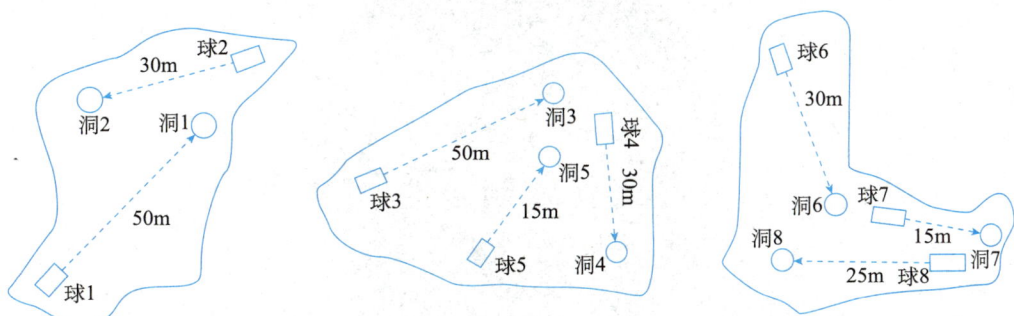

图 6-3-8　由 3 块不规则小场地组合成的标准尺寸健步球比赛场地示意图

三、健步球打法、规则、球场礼仪

健步球运动不仅所需器械简单，打法和基本规则也很简单，易于掌握。本章将主要介绍如何完成每一个球洞及整场的比赛、球场基本规则和球场礼仪。

（一）打法

与高尔夫球的打法一样，健步球也是一边走路，一边挥杆击球，最终目标是击球进洞。在将一个球击入洞中之后，继续按顺序将其余所有球击入洞中。

每一个球洞的完成都基本包括开球、续击、进洞三个步骤。

1. 开球

开球是完成每一个球洞的起始步骤。将球置于开球垫的球托上，朝着球洞的方向挥杆击球，即为开球，开球动作如图 6-3-9 所示。开球的目的是为了将球打到球洞边甚至直接进入球洞中。

图 6-3-9　开球动作

2. 续击

开球后，若球未直接进洞，则需要从球停止的地方朝着球洞的方向继续击球，这个过程被称为续击。为了最终击球进洞，可能会出现多次续击，续击动作如图 6-3-10 所示。

图 6-3-10　续击动作

3. 进洞

经过若干次续击，球进入球洞（静止在球洞内），这个过程被称为进洞。

击球进洞是健步球的最终目标，也是重要的乐趣所在。

4. 球洞顺序

有 8 个球洞的健步球比赛场地上会有 8 个比赛组，正式比赛时每组有 6 人，每一比赛组分别从对应序号的球洞开赛，完成该球洞以后，继续完成下一个球洞，并最终循环完成 8 个球洞的比赛。各比赛组与开赛球洞、球洞完成顺序对照表如表 6-3-1 所示。

表 6-3-1　各比赛组与开赛球洞、球洞完成顺序对照表

比赛组	开赛球洞	全场球洞完成顺序
1	1	1-2-3-4-5-6-7-8

比赛组	开赛球洞	全场球洞完成顺序
2	2	2-3-4-5-6-7-8-1
3	3	3-4-5-6-7-8-1-2
4	4	4-5-6-7-8-1-2-3
5	5	5-6-7-8-1-2-3-4
6	6	6-7-8-1-2-3-4-5
7	7	7-8-1-2-3-4-5-6
8	8	8-1-2-3-4-5-6-7

5. 杆数计算与总成绩

每击球一次（包括开球和续击），计为1杆。将从开球算起，直至球进洞，击球次数的总和称为每洞的杆数。如果开球后，球直接进洞，称为1杆进洞。如果开球后，经过了1次续击后，球才进洞，则称为2杆球。以此类推。

完成所有球洞之后，某参赛组完成各球洞杆数之和即为其该场比赛的总杆数，总杆数最少的参赛组为该场比赛的第一名。

（二）规则

1. 基本规则

健步球运动基本规则很简单，从开球的一杆算起，谁能用最少的杆数将所有球依次击入球洞，谁就胜出。

2. 其他规定

（1）开球

开球时，如果不慎将球碰下球托，视为1杆。

（2）击球

①击球时，若用球杆推球前进一段距离，则判定为"持球"犯规，加罚1杆。

②击球时，若出现"连击"，加罚1杆。

③当球与球洞边缘的金属底框触碰在一起时，若直接击球进洞，会被判"拨球"犯规。应该首先将球移开（算一杆），然后再击球进洞。也可以经裁判员同意，在该洞成绩上加2杆结束该洞的比赛。

④裁判员示意后，队员方可击球，否则被判定为"犯规"。

⑤球离球洞的距离在30厘米以内时，裁判员允许上一杆击球球员优先继续击球，也就是上一杆击球球员可以继续击球。

（3）撞球

当A队员的球撞到B队员的球时，B队员的球放回原位置，A队员的球的位置为该球自然停止滚动的位置。

（4）妨碍球

妨碍球是指停在球道上妨碍其他球正常向前运动的球。若A队员击球时，认为场上的 B 队员的球属于妨碍球，A 队员可向裁判申请，请 B 队员将妨碍球拾移。将球拾移球时，应安放标志牌，以标记该球的位置。拾球时应先放标志牌后拾球，轮到该队员击球时，应先将球放回再拾取标志牌。放置标志牌时，应将标志牌贴紧妨碍球，并使标志牌、妨碍球、球洞中心三者处于同一直线上，如图 6-3-11 所示。

图 6-3-11　标志牌的放置

（5）进洞球

球进入球洞的金属底框内且保持静止状态，则该球被判定为进洞。若球进洞后又滚出或弹出球洞，则该球不能被判定为进洞。

（6）界外球

有时为了增加比赛的难度，球场会设置界线。在有界线的比赛场地上，打出球场界线的球叫界外球。界外球重新进场后的起始击球点应选在以出界处为圆心以一球杆长度为半径的半圆内选定，如图 6-3-12 所示。

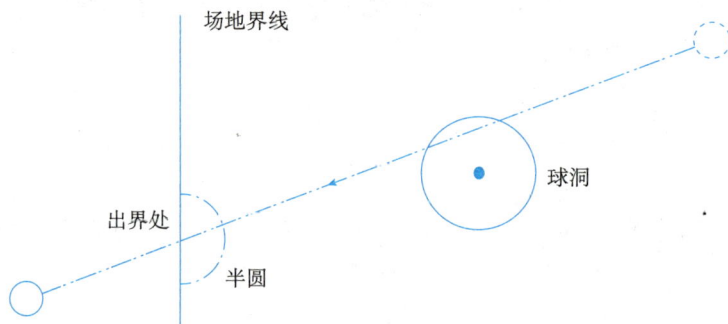

图 6-3-12　界外球重新进场后起始击球点位置示意图

3. 成绩计算

（1）轮成绩（轮杆数）

按顺序完成场地上规定的球洞视为完成一轮比赛，该轮比赛中完成所有球洞杆数之和为该轮成绩。

（2）场成绩（总杆数）

完成规定的比赛轮数，各轮杆数的总和为该场比赛的总成绩，即场成绩。

4. 胜负判定

（1）个人赛胜负判定

①全部比赛结束后，总杆数少者获胜。

②若总杆数相同，再看各轮轮杆数中的最小值，该值小者名次列前。

③若每轮杆数均相同，则一杆进洞数多者名次列前。

④若一杆进洞数也相同，就看一杆进洞的球道距离，球道距离长者名次列前。

⑤若再相同，就看两杆进洞数，两杆进洞数多者名次列前，以此类推。

（2）团体赛胜负判定

①所有队员比赛成绩之和为该队成绩，总杆数少的球队获胜。

②若总杆数相同，则杆数最少的队员所在的球队名次列前；再相同，则杆数次少的队员所在球队名次列前，以此类推。若每名队员的杆数均相同，则看杆数最少队员的一杆进洞数，一杆进洞数多者名次列前，以此类推。若一杆进洞数也相同，就看一杆进洞的球道距离，球道距离长者名次列前。

（三）球场礼仪

健步球运动特别强调礼仪，应做好以下几个方面。

（1）按顺序击球

比赛时，队员应按排定的顺序依次轮流击球。

（2）不妨碍他人

参赛队员击球后要迅速离开球道，不妨碍他人击球；击球进洞后要及时将自己的比赛用球拿出球洞，以免影响他人。

（3）诚实自律

参赛队员应自我约束，不得私自挪动静止的球；不可人为停止滚动中的球；不得随意挪动比赛场地上的球洞、球垫及其他设施。

第七章

形体运动技术

第一节　健美操

一、健美操概述

（一）认识健美操运动

健美操是一项深受广大群众喜爱的、普及性极强的，集体操、舞蹈、音乐、健身、娱乐于一体的体育项目。

健美操是一种有氧运动，是持续一定时间的、中低运动程度的全身运动，可以提高练习者的心肺功能。进行健美操运动有诸多好处，不仅能帮助我们有效地强身健体，而且还有减肥的功效。这种集健美和健身于一体的运动减肥方式，特别适合女性，受到了广大女性同胞的喜爱。

（二）健美操的渊源

健美操的起源可以追溯到两千多年前。古希腊人对人体美的崇尚举世闻名，他们认为，在世界万物之中，只有人体的健美才是最匀称、最和谐、最庄重、最有生气和最完美的。古希腊人喜爱采用跑跳、投掷、柔软体操和健美舞蹈等各种体育项目进行人体美的锻炼，提出了"体操锻炼身体，音乐陶冶精神"的主张。

在古印度很早就流行一种瑜伽术，它把姿势、呼吸和意念紧密结合起来，通过调身（摆正姿势）、调息（调整呼吸）、调心（意守丹田入静），运用意识对肌体进行自我调节，健美身心，达到延年益寿的效果。瑜伽健身术动作包括站立、跪、坐、卧、弓步等各种基本姿势，这些姿势与当前流行的健美操所常用的基本姿势是一致的。古代人对健身健美的追求，以及提倡体操与音乐相结合的主张是现代健美操形成与发展的基础。

19世纪末20世纪初，欧洲出现了许多体操流派，他们在理论和实践上的创新对健美操的发展起到了推动作用。20世纪60年代初则是健美操的萌芽时期。而20世纪80年代初，随着遍及全球的健身热和娱乐体育的发展，健美操以其强大的生命力风靡世界。美国是对世界健美操的发展有着重要影响的国家，其代表人——影视明星简·方达，根据自己的健身体会和经验，撰写了《简·方达健美术》一书。该书自1981年出版后，在世界上引起了轰动，促进了健美操在世界范围内的推广。与此同时，自1985年开始，美国正式举办一年一度的健美操锦标赛，并确定了竞赛项目和规则，使健美操发展成为竞技性运动项目。

健美操不仅在美、英、法等国家迅速发展，而且在一些发展中国家和地区也得到不同程度的开展。在亚洲地区，日本、菲律宾、新加坡等国家也建有许多健美操活动中心及健身俱乐部，人们都开始将健美操作为自己的主要健身方式，由此形成了世界范围内的"健美操热"。

中国健美操协会于1992年9月成立，总部设在北京。1987年，北京举办了首届全国健美操邀请赛，随后1988年、1989年、1990年、1991年先后在北京、贵阳、昆明、北京举办了四届全国健美操邀请赛。1992年起改名为全国健美操锦标赛，成为每年举办的传统赛事。

另外，1992 年、1995 年在北京举办了两届全国健美操冠军赛。1998 年，举办了全国健美操锦标赛暨全国健美操运动会。

随着人民生活水平的不断提高，健美操所特有的保健、医疗、健身、健美、娱乐的实用价值受到越来越多的人的重视，吸引了不同年龄的爱好者，形成了一定规模的爱好者群体。各级电视台纷纷制作以健美操竞赛、普及为内容的专题节目，其收视率远远超过其他节目。

由于健美操比赛可在体育馆和舞台上举行，加之健美操运动时场地集中的特点，给企业结合比赛进行广告宣传创造了机会，健美操项目受到越来越多的企业的青睐。

（三）健美操的分类

健美操可分竞技性健美操和健身性健美操、表演性健美操三大类。竞技性健美操根据竞技健美操规则的要求进行编制、训练、比赛。健身性健美操具有一定的普及性，没有统一要求，适合所有年龄段的人。具体的健美操分类，如表 7-1-1 所示。

表 7-1-1　健美操分类

健身性健美操	表演性健美操		竞技性健美操
徒手健美操	器械健美操	特殊场地健美操	男子单人健美操
一般健美操	健身球操	水中健美操	女子单人健美操
全身健美操	踏板操	固定器械健美操	混合双人健美操
搏击健美操	哑铃操		三人健美操
瑜伽健身术	杠铃操		集体健美操
拉丁健身操	橡皮筋操		有氧舞蹈
街舞			有氧踏板

（四）如何欣赏健美操

1. 竞技性健美操

竞技性健美操运动员在音乐伴奏下，通过难度动作的完美完成，展示运动员连续表演复杂和高强度动作的能力。竞技性健美操的整套动作必须将动作、音乐和表现完美融合，从而体现出创造性。

竞技性健美操在练习场地的大小、练习人数的多少、特定动作、动作节奏快慢等方面有严格统一的标准，必须按标准进行，不得擅自更改。

竞技性健美操起源于传统的有氧健身操。作为竞技运动，它可以分为以下几种：男子单人健美操、女子单人健美操、混合双人健美操、三人（三名运动员性别任选）健美操、集体操（五人性别不限）、有氧舞蹈、有氧踏板。

单人健美操比赛时间限制为 1 分 30 秒，上下浮动 5 秒。混合双人健美操、三人健美操、集体操比赛时间限制为 1 分 45 秒，上下浮动 5 秒。单人健美操比赛场地大小为 7 米 ×7 米，混合双人健美操、三人健美操、集体操比赛场地大小为 10 米 ×10 米。比赛服装也有专门的规定，一般为紧身的专业健美操服装。有专门的竞赛规则，对每一具体细节都做出详细的说明。

下面将介绍评判竞技性健美操的标准。

（1）艺术性。对整套动作艺术性的要求是：充满活力，有创造性，以健美操方式表现动作设计和流畅的过渡动作。整套动作必须显示身体双侧的力量和柔韧性，而且不重复同一动作。

（2）完成。任何未按竞技性健美操定义完成的动作都将被扣分。混合双人健美操和三人健美操整套动作中最多允许 3 次托举或支撑配合动作，包括开始和结束。

（3）难度。每类难度动作至少各完成一个，难度分将是 10 个最高难度动作的总分。

2. 健身性健美操

健身性健美操能增进健康，适合社会不同年龄、层次的人练习。它根据练习对象的需求进行创编，动作简单易学，节奏稍慢，时间长短不等。例如，美国著名健美操明星简·方达所编的《初级健美操》中介绍，完成一套健身性健美操的时间约为 27 分钟。在日本，一般的健身性健美操的时长约为 1 小时。目前我国健身性健美操运动开展非常广泛，各种成套健美操动作的练习时间、场地、人数、内容、动作、节奏等没有统一的标准，可以根据练习者的需要进行编排。

3. 拉丁健身操

拉丁健身操来源于国标舞中的拉丁舞，但不强调基本步伐。它是健身性健美操的一种，强调能量消耗，对动作的细节要求不高，注重运动量和对髋、腰、胸、肩部关节的活动。

拉丁健身操自由随意，热情奔放，节奏明显。它的锻炼侧重点在于腰和髋部，同时使大腿内侧得到充分锻炼。拉丁健身操的另一个特点是在热烈奔放的拉丁音乐中感受南美风情，同时在健身操中增加舞蹈元素，在锻炼之外更可自我享受。拉丁健身操要求百分之百的情绪投入，越是淋漓尽致地把拉丁的感觉发挥出来，就越能在音乐中释放情绪，燃烧激情的同时，也让你的脂肪一起燃烧。

4. 街舞

街舞是由街头即兴舞蹈演变而来的。而现今融入了有氧舞蹈元素，以明显的节奏搭配，全身上下的自由摆动，有更多的趣味性，一样可以达到减肥瘦身的效果。它可以增进协调性、心肺功能甚至肌力等。

运动强度可根据对动作的掌握、音乐的理解自行调节，可作为提高协调性的减脂运动，最重要的是调节心情、缓解压力、追求与众不同的感觉。

5. 搏击健美操

搏击健美操简称搏击操，最早是由欧洲的搏击选手与职业健身操运动员合作推出的，其具体形式是将拳击、空手道、跆拳道、功夫，甚至一些舞蹈动作混合在一起，并配合强劲的音乐，成为一类风格独特的有氧健身操。一节完整的搏击操会消耗大量的热量，由于搏击操动作多变，包括如直拳、勾拳、摆拳、正踢、侧踢、侧蹬等搏击动作，而且在做每个动作时要求迅猛，有爆发力，所以在锻炼全身每一块肌肉的同时，身体的弹性、柔韧性及反应速度也将得到前所未有的提高。尤其是搏击健美操中的所有动作几乎都要求腰腹保持平衡并发力，所以对腰腹部的锻炼超过了其他健身方式。

二、健美操的基本动作

（一）基本手形

1. 并掌

并掌时，五指并拢伸直，大拇指弯屈，指关节贴于食指旁，并掌时的手形如图 7-1-1 所示。

2. 开掌

开掌时，五指用力分开伸直，开掌时的手形如图 7-1-2 所示。

3. 花掌

花掌是在开掌手形的基础上，除大拇指外的其他手指依次逐步向手臂内侧方向内旋，小拇指的内旋程度最大，花掌时的手形如图 7-1-3 所示。

4. 立掌

立掌时，五指伸直并拢，手掌上屈，立掌时的手形如图 7-1-4 所示。

5. 拳

四指并拢，拇指第一关节扣在食指与中指的第二关节处，拳的手形如图 7-1-5 所示。

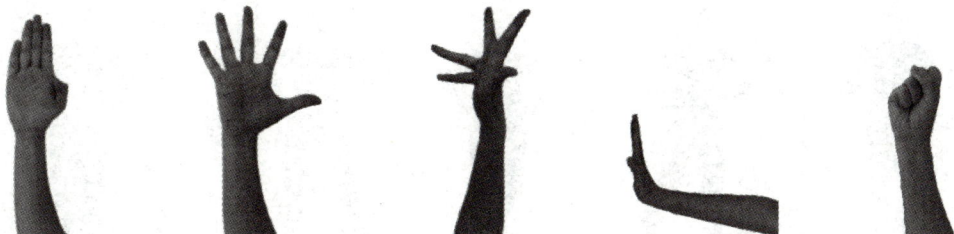

图 7-1-1 并掌时的手形　图 7-1-2 开掌时的手形　图 7-1-3 花掌时的手形　图 7-1-4 立掌时的手形　图 7-1-5 拳的手形

（二）基本步法

1. 低冲击类步法

（1）踏步

两腿原地依次抬起，依次落地，大腿上抬，小腿自然下垂，脚尖紧绷，保持身体正直或略微向前倾。脚在落地时，前脚掌先着地，慢慢过渡到全脚掌，膝、踝关节有弹性地缓冲。踏步的动作如图 7-1-6 所示。

图 7-1-6 踏步的动作

（2）并步

一脚向侧方迈出，迈出的脚落地时，前脚掌先着地，再慢慢过渡到全脚掌，另一脚点地后，双脚并拢，并拢时稍屈膝，重心下降。随后接反方向动作。并步的动作如图 7-1-7 所示。

图 7-1-7　并步的动作

（3）交叉步

一腿向侧方迈出，迈出的脚落地时，脚跟先着地，再慢慢过渡到前脚掌，另一腿向其后方交叉，稍屈膝，重心下降，随后再向侧方迈出一步，另一脚点地后，双脚并拢。随后接反方向动作。交叉步的动作如图 7-1-8 所示。

图 7-1-8　交叉步的动作

（4）一字步

一脚向前一步，另一脚跟与前脚并拢，再撤回先迈出的脚，另一脚跟着撤回与先撤回的脚并拢。向前迈步时，脚跟先着地，再慢慢过渡到全脚掌，同时膝关节微屈，始终保持有弹性地缓冲。一字步的动作如图 7-1-9 所示。

图 7-1-9　一字步的动作

（5）V 字步

一脚向侧前方迈出一步，另一脚随之向另一侧前方迈一步，成两脚开立姿势，此时膝盖微屈，重心在两脚之间，然后撤回先迈出的脚，再撤回另一只脚，双脚退回至起始位。向侧前方迈步时脚跟先着地，再过渡到全脚掌，整个过程中两腿膝、踝关节始终保持弹动状态。V字步的动作如图7-1-10所示。

图 7-1-10 V 字步的动作

（6）漫步

一脚向前迈出，屈膝，重心随之前移，另一脚稍抬起，然后原地落下。再将先迈出的脚向后撤步，撤至另一脚后，重心后移，另一脚稍抬起，然后原地落下。两脚始终保持交替落地，身体重心随动作前后移动，但始终在两脚之间。漫步的动作如图7-1-11所示。

图 7-1-11 漫步的动作

2. 高冲击类步法

（1）开合跳

由并腿姿势向上跳起，分腿落地。然后再分腿跳起，并腿落地。依次循环。分腿落地时，脚跟先着地，两脚自然外展，膝关节沿脚尖方向弯曲。开合跳的动作如图7-1-12所示。

（2）弓步跳

由并腿姿势向上跳起，双腿呈前后分开的弓步姿势落地，接着再向上跳起，并腿落地。再次并腿向上跳起，双腿呈前后分开的弓步姿势落地，只不过双腿的前后位置与上一次相反，接着向上跳起，并腿落地。弓步姿势落地时，膝关节进行弹性缓冲，两脚脚尖均朝向前方并且保持在一条直线上。弓步跳的动作如图7-1-13所示。

图 7-1-12　开合跳的动作

图 7-1-13　弓步跳的动作

（3）吸腿跳

由并腿姿势向上跳起，跳起时一腿抬起，大腿与地面平行，小腿垂直于地面，脚背绷直，落地时由脚尖过渡到全脚掌。两腿交替重复上述动作，身体保持自然挺拔。吸腿跳的动作如图 7-1-14 所示。

图 7-1-14　吸腿跳的动作

（4）弹踢腿跳

由并腿姿势向上跳起，一腿屈膝后摆，之后向前弹踢，双腿顺势落地。两腿交替重复上述动作。弹踢腿时两腿要靠拢，脚背绷直，向前弹踢时不要过分用力，注意对膝关节、髋关的伸展控制。弹踢腿跳的动作如图 7-1-15 所示。

图 7-1-15　弹踢腿跳的动作

（5）后踢腿跳

由并腿姿势向上跳起，跳起过程中双腿分别依次屈膝后摆，髋关节和膝关节始终保持在一条直线上。后踢腿跳的动作如图 7-1-16 所示。

图 7-1-16　后踢腿跳的动作

（6）踢腿跳

一腿前踢，保持膝盖伸直，收腹立腰，腿要尽量抬高，落地时呈并腿姿势站立，两腿交替重复上述动作。踢腿跳的动作如图 7-1-17 所示。

图 7-1-17　踢腿跳的动作

第二节　体育舞蹈

一、体育舞蹈概述

（一）认识体育舞蹈运动

体育舞蹈也称国际标准交谊舞，是体育运动项目之一，以男女为伴的一种步行式双人舞的竞赛项目，分两个项群，10个舞种。其中摩登舞项群含有华尔兹、维也纳华尔兹、探戈、狐步舞和快步舞；拉丁舞项包括伦巴舞、恰恰舞、桑巴舞、牛仔舞和斗牛舞。每个舞种均有各自舞曲、舞步及风格。根据各舞种的乐曲和动作要求，组编成各自的成套动作。

（二）体育舞蹈的渊源

标准交谊舞起源于古代土风舞，经历对舞、圈舞、行列舞、集体舞等演变过程，成为流传广泛的社交舞蹈。19世纪20年代后，英国皇家舞蹈教师协会对原舞种、舞步、舞姿等进行规范整理，制定比赛方法，开始形成国际标准交谊舞，并于1947年在德国柏林举行第一届世界标准交谊舞锦标赛。体育舞蹈现已发展成艺术性高、技巧性强的竞技性项目。

中国体育舞蹈联合会的前身是1991年成立的中国体育舞蹈运动协会。2002年4月，随着国际体育舞蹈联合会被国际奥委会所承认，体育舞蹈开始进入世界综合性运动会。在这种形势下，经国家体育总局党组和文化部党组批准，中国体育舞蹈运动协会与文化部所属的中国业余舞蹈竞技协会经过协商，联合组建了中国体育舞蹈联合会，并在民政部登记注册。

二、摩登舞

（一）摩登舞简介

摩登舞是体育舞蹈项群之一，包括华尔兹、维也纳华尔兹、探戈、狐步舞和快步舞。其特点是由贴身握抱的姿势开始，沿着舞程线逆时针方向绕场行进。摩登舞步法规范严谨，跳舞时上体和胯部保持相对稳定挺拔，完成各种前进、后退、横向、旋转、造型等舞步动作，彰显出端庄典雅的风度。摩登舞舞曲曲调大多抒情优美，旋律感强；服饰雍容华贵，一般男士着燕尾服，女士着过膝蓬松长裙。

（二）基本架型

1.站位

男女舞伴相对站立，两脚相距约10厘米。双膝微屈，右脚尖对准对方两脚中间，双脚及身体稍前倾。男士身体重心在右脚，女士身体重心在左脚。

2. 身体位置

男女均立腰，沉肩，胸肋以下至大腿根部与对方相贴。

3. 头部位置

男士头颈基本保持正直，胯部向左微转约 15 度。女士头部向左转约 45 度，含颌，颈部尽量向上牵伸，有头顶天花板的感觉，胸椎尽量向后伸，向后打开胸部线条。

4. 手臂位置

男士双臂侧平举，两肘保持水平，左臂的大臂与小臂弯曲成 90 度角，左手高度与女士右耳齐平，右手五指并拢伸直，置于女士右肩胛骨位置。女士双臂侧平举，两肘保持水平，右臂弯曲的大臂与小臂约成 150 度角，右手与男士左手轻握，掌心向前，手腕松弛，左臂轻贴在男士右臂上，左手虎口张开，轻轻放在男士右上臂三角肌中部。

（三）基本舞步（女士）

1. 华尔兹

华尔兹舞，也称"慢三步"。其舞曲旋律优美抒情，节奏为 3/4 拍，每分钟有 28～30 小节。每小节三拍为一组舞步，每拍一步，第一拍为重拍，三步一循环。跳舞时通过膝、踝、足底、掌趾的动作，结合身体的升降、倾斜、摆荡，带动舞步移动，使舞步起伏连绵，舞姿华丽典雅。华尔兹舞是维也纳华尔兹舞（快三步）的变化舞种。19 世纪中叶，维也纳华尔兹舞传到美国，当时美国崇尚舒缓、优美的舞蹈和音乐，于是将快节奏的维也纳华尔兹舞曲逐渐改变成悠扬而缓慢、有抒发性旋律的慢华尔兹舞曲，舞蹈动作也变得连贯而慢速，发展为现今的华尔兹舞。

（1）前进方步

节奏与数拍：one，two，three。

①朝正前方站立，双腿膝盖弯曲，脚踝用力，身体上升至最高点后下降；②左脚脚尖触地，向正前方迈出，右脚脚尖触地跟上，并拢于左脚旁（one）；③右脚向右侧迈出一步，迈步的同时转移重心至右脚，身体牵拉上升的同时收左脚（two）；④左脚并拢至右脚旁，同时身体上升至最高点（three）。前进方步的动作如图 7-2-1 所示。

图 7-2-1　前进方步的动作

（2）后退方步

节奏与数拍：four，five，six。

①朝正前方站立，双腿膝盖弯曲，脚踝用力，身体上升至最高点后下降；②右脚脚尖触地，向正后方迈出，左脚脚后跟拖地跟上，并拢于右脚旁（four）；③左脚向左侧迈出

一步，迈步的同时转移重心至左脚，身体牵拉上升的同时收右脚（five）；④右脚并拢至左脚旁，同时身体上升至最高点（six）。后退方步的动作如图7-2-2所示。

图7-2-2 后退方步的动作

（3）前进90度左转步

节奏与数拍：one，two，three。

①朝正前方站立，双腿膝盖弯曲，脚踝用力，身体上升至最高点后下降；②左脚脚尖触地，向左前方（45度）迈出一步（one）；③右脚继续前进，身体向左转动45度（two）；④左脚并拢至右脚旁，同时身体上升至最高点（three）。前进90度左转步的动作如图7-2-3所示。

图7-2-3 前进90度左转步的动作

（4）后退90度左转步

节奏与数拍：four，five，six。

①朝正前方站立，双腿膝盖弯曲，脚踝用力，身体上升至最高点后下降；②右脚脚尖触地，向右后方（45度）迈出（four）一步；③左脚继续后退，身体向左转动45度（five）；④右脚并拢至左脚旁，同时身体上升至最高点（six）。后退90度左转步的动作如图7-2-4所示。

图7-2-4 后退90度左转步的动作

2.维也纳华尔兹

维也纳华尔兹，也称"快三步"。其舞曲旋律流畅华丽，节奏轻松明快，为3/4拍节奏，每分钟有56～60小节，每小节为三拍，第一拍为重拍，第四拍为次重拍。基本步伐是六拍走六步，两小节为一循环。其基本动作是左右快速旋转步，并结合反身、倾斜、摆荡、升降等技巧。维也纳华尔兹舞步平稳轻快，翩跹回旋，热烈奔放，舞姿高雅庄重。维也纳华尔兹源于奥地利的一种农民舞蹈，由男女成对扶腰搭肩共同围成一个圆圈而舞，故又被称为"圆舞"。

（1）右转步

节奏与数拍：one，two，three。

①朝正前方站立，双腿膝盖弯曲，脚踝用力，身体上升至最高点后下降；②右脚前进一步，身体向右转动1/8圈（one）；③左脚跟随继续前进，身体继续向右转动1/8圈，同时向左跨出一步，身体直立（two）；④右脚并拢于左脚旁，身体向右转动1/4圈（three）。右转步前3拍的动作如图7-2-5所示。

图7-2-5　右转步前3拍的动作

节奏与数拍：four，five，six。

⑤左脚后退一步，翻身向右转动1/8圈（four）；⑥右脚向右跨出一步，身体向右转动1/8圈（five）；⑦左脚并拢至右脚旁，身体向右转动1/4圈，动作结束以后，右脚脚跟不落地（six）。右转步后3拍的动作如图7-2-6所示。

图7-2-6　右转步后3拍的动作

（2）左转步

节奏与数拍：one，two，three。

①朝正前方站立，双腿膝盖弯曲，脚踝用力，身体上升至最高点后下降；②左脚前进一步，身体向左转动1/8圈（one）；③右脚跟随继续前进，身体继续向左转动1/8圈，同

时向右跨出一步，身体直立（two）；④转动右脚脚掌，将左脚交叉放于右脚前，身体向左转动 1/4 圈（three）。左转步前 3 拍的动作如图 7-2-7 所示。

图 7-2-7　左转步前 3 拍的动作

节奏与数拍：four，five，six。

⑤右脚后退一步，翻身向左转动 1/8 圈，结束后左脚点地在侧（four）；⑥左脚向左跨出一步，身体向左转动 1/8 圈（five）；⑦右脚并拢至左脚旁，身体转动 1/4 圈，动作结束以后，左脚脚跟不落地（six）。左转步后 3 拍的动作如图 7-2-8 所示。

图 7-2-8　左转步后 3 拍的动作

（3）前进转换步

节奏与数拍：one，two，three。

①朝正前方站立，双腿膝盖弯曲，脚踝用力，身体上升至最高点后下降；②右脚前进反身动作，身体向右转动 1/8 圈，跟掌（one）；③左脚向身体左侧稍微前进一步，臀部和膝盖开始向左侧摆荡（two）；④右脚并拢至左脚旁（three）。前进转换步前 3 拍的动作如图 7-2-9 所示。

图 7-2-9　前进转换步前 3 拍的动作

节奏与数拍：four，five，six。

⑤左脚前进反身动作（four）；⑥右脚向身体右侧打开，臀部和膝盖向右摆荡（five）；⑦左脚并拢至右脚旁（six）。前进转换步后3拍的动作如图7-1-10所示。

图 7-2-10　前进转换步后 3 拍的动作

（4）后退转换步

节奏与数拍：one，two，three。

①朝正前方站立，双腿膝盖弯曲，脚踝用力，身体上升至最高点后下降，左脚起步；②左脚后退反身动作，身体向左转动 1/8 圈，跟掌（one）；③右脚向身体左侧稍微前进一步，臀部和膝盖开始向右侧摆荡（two）；④左脚并拢至右脚旁（three）。后退转换步前 3 拍的动作如图7-2-11所示。

图 7-2-11　后退转换步前 3 拍的动作

节奏与数拍：four，five，six。

⑤右脚后退反身动作（four）；⑥左脚向身体左侧打开，臀部和膝盖向左摆荡（five）；⑦右脚并拢至左脚旁（six）。后退转换步后3拍的动作如图7-2-12所示。

图 7-2-12　后退转换步后 3 拍的动作

三、拉丁舞

（一）拉丁舞简介

拉丁舞包括伦巴舞、恰恰舞、桑巴舞、牛仔舞和斗牛舞。其特点是舞伴之间可贴身，可分离，各自在固定范围内辐射式地变换方向和角度，以展现舞姿。拉丁舞步法灵活多变，各舞种通过对胯部及身体摆动的不同技术要求，完成各种舞步，表现各种风格。拉丁舞舞姿妩媚潇洒，婀娜多姿；风格生动活泼，热情奔放；舞曲曲调缠绵浪漫，活泼热烈，节奏感强；着装浪漫洒脱，男着上短下长的紧身或宽松装，女着紧身短裙。

拉丁舞又称拉丁风情舞或自由社交舞，是拉美人民在漫长的历史长河中形成的具有鲜明特点的激情、浪漫而又富有活力的艺术表现形式，有较大的自由发挥空间，是以运动肩部、腹部、腰部、臀部为主的一种舞蹈艺术。

（二）基本架型

1. 头部位置

抬头、含颚，除了必须要抬起下巴的动作外，基本上都需要保持下颚内含，这样也能将头部后面到颈部的线条拉长。

2. 颈肩部位置

拉长脖子，也就是将脖子后面的颈椎拉长，同时还要将肩部下沉，不要耸肩。

3. 上身位置

挺胸而不含胸，也就是用力挺起胸来展示胸部曲线，同时要向内部略收两侧的肋骨。脊椎要径直挺立，不可左右或者前后弯曲。

4. 中间位置

收紧腹部肌肉，将臀部的肌肉向内收紧。注意：不要把提臀当作翘臀或者塌腰。

5. 下身位置

夹腿、绷脚，大腿内侧的肌肉要紧绷，这样腿部才有力量，旋转时也才能将身体收成一根柱子。跳拉丁舞时脚背都要尽可能绷直，这样能给人腿部修长的视觉，同时也给人力量感。

（三）基本舞步（女士）

1. 伦巴舞

伦巴舞的节奏为4/4拍，每分钟有27～29小节，每小节四拍。伦巴舞乐曲旋律的特点是强拍落在每小节的第四拍上。舞步从第四拍起跳，由一个慢步和两个快步组成，四拍走三步，慢步占二拍，快步各占一拍，胯部摆动三次。胯部动作是由控制重心的一脚向另一脚移动而形成的向两侧做出的"8"形摆动。伦巴舞具有舒展优美、婀娜多姿、柔媚抒情的风格。其产生与西班牙和非洲的舞蹈有密切关系，后在古巴得到发展。

（1）原地换重心

节奏与数拍：two，three，four，one。

①预备动作：以右脚为重心，左脚向旁打开，绷脚；②"8"字转胯，左脚收回到右

脚旁，左脚掌着地，左腿屈膝，右腿伸直，胯转向右后方；③左腿蹬地，膝盖伸直，"8"字胯转向左后方，重心转到左腿，屈膝；④右腿膝盖伸直，转胯。重复上述动作。原地换重心的动作如图 7-2-13 所示。

图 7-2-13　原地换重心的动作

（2）基本步

节奏与数拍：two，three，four，one。

基本的步法共有六步，从脚的位置来讲：①左脚前进，脚尖转向外，右脚脚尖点地，胯部转向右后侧；②右脚在原地，胯转动，重心移动到左脚，再移到右脚；③左脚收回并向侧面打开；④右脚经过左脚后退，重心转移到右脚；⑤右脚在原地，重心转动移到左脚；⑥右脚收回并向侧面打开。基本步的动作如图 7-2-14 所示。

图 7-2-14　基本步的动作

（3）纽约步

节奏与数拍：two，three，four，one。

①重心放在左脚，右脚前脚掌落地，后脚跟抬起，双脚之间的距离与肩同宽；②身体以左腿为轴，向左旋转 90 度，同时右脚通过左脚，到达旋转后身体的前方，并且将重心

落于右脚；③左腿做 check 步，左膝盖紧贴右腿膝盖后侧，并且将左侧胯部下压，重心移回左腿上；④身体转回，右脚回到起步时的位置，重心由左腿转移到右腿；⑤身体向右旋转 90 度，迈出左腿。再向相反方向重复上述动作。纽约步的动作如图 7-2-15 所示。

图 7-2-15　纽约步的动作

（4）定点转

节奏与数拍：two，three，恰恰，one。

以向左定点转为例：①重心先放在左脚上，右脚向侧面打开；②以左脚为中心，身体向左转，右脚向前，同时将重心轻移到右脚；③双脚脚尖固定在地板上，身体向左旋转 180 度，重心仍然在右脚上，左脚脚尖绷起。双脚不动，重心前移，左脚全脚掌着地，右脚半脚掌着地；④以左脚为轴，身体继续向左旋转 90 度，右脚跟随身体旋转，同时向右侧打开，并且重心随之转移到右脚上。向左定点转的动作如图 7-2-16 所示。

图 7-2-16　向左定点转的动作

2. 恰恰舞

恰恰舞，节奏为 4/4 拍，每分钟有 30 ～ 32 小节。每小节四拍，强拍落在第一拍上。四拍走五步，包括两个慢步和三个快步。第一步踏在第二拍上，时间值占一拍；第二步占一拍；第三、四两步各占半拍；第五步占一拍，踏在舞曲的第一拍上。胯部每小节向两侧摆动六次。恰恰舞舞曲热情奔放，舞步花哨利落，步频较快，诙谐风趣。恰恰舞源于非洲，后传入拉丁美洲，在古巴得到发展。

（1）原地换重心

节奏与数拍：two，three，恰恰，one。

①以右脚为重心，左脚向侧面打开；②右后转胯，左脚收回，左腿膝盖弯曲，右腿伸直；③左后转胯，右腿膝盖弯曲，左腿伸直；④右后转胯，左脚收回，左腿膝盖弯曲，右

腿伸直；⑤左后转胯，右腿膝盖弯曲，左腿伸直。原地换重心的动作如图 7-2-17 所示。

图 7-2-17　原地换重心的动作

（2）时间步

节奏与数拍：two，three，恰恰，one。

①以左脚为重心，右脚向侧面打开。②将右脚收回到左脚旁，脚掌着地，换重心到全脚掌；③左脚原地不动，全脚掌落地，换重心到全脚掌；④右脚向右移动，全脚掌着地；⑤左脚收回到右脚旁，全脚掌着地；⑥右脚继续向右移动，左脚原地打开，脚掌着地，脚背绷直。时间步的动作如图 7-2-18 所示。

图 7-2-18　时间步的动作

（3）纽约步

节奏与数拍：two，three，恰恰，one。

①将重心放在左脚，右脚打开，前脚掌着地，脚背绷直；②身体以右脚为轴向左转 90 度，左腿膝盖靠在右脚膝盖后方，右手向前，左手向后打开，两手掌朝下；③重心后移至左脚；④右脚向侧面打开，身体右转 90 度，左脚脚背绷直；⑤左脚收脚，与右脚并步；⑥右脚继续向右移动，左脚打开，前脚掌着地，脚背绷直。纽约步的动作如图 7-2-19 所示。

图 7-2-19　纽约步的动作

（4）定点转

节奏与数拍：two，three，恰恰，one。

①重心放在右脚上，左脚向侧面打开；②右脚经过左脚，身体向左转 90 度，上步；③身体以右腿为轴向左转 180 度，重心从右脚推进到左脚；④身体左转 180 度，右脚向侧面打开；⑤左脚并向右脚；⑥右脚向右移动，左脚向侧面打开。定点转的动作如图 7-2-20 所示。

图 7-2-20　定点转的动作

四、体育舞蹈比赛

（一）比赛规制

体育舞蹈比赛分为团体赛和个人赛两种，通常按预赛、复赛、半决赛、决赛的程序进行。

体育舞蹈比赛的裁判员从国际评判标准规定的基本技术、音乐表现力、舞蹈风格、舞蹈编排、临场表现、赛场效果 6 个方面进行评分。

（二）比赛场地

体育舞蹈游程方向图指示的是指舞者在舞池中以逆时针方向环绕舞池中央跳游程舞时应遵循的舞蹈运行轨迹。任何舞者都要遵循体育舞蹈游程方向图所指示方向进行游程舞蹈的表演。体育舞蹈游程方向图如图 7-2-21 所示。体育舞蹈比赛场地长 23 米，宽 15 米。

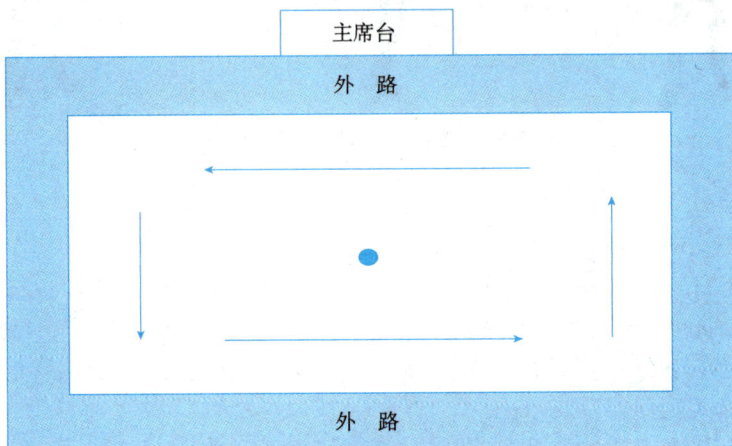

图 7-2-21 体育舞蹈游程方向图

五、体育舞蹈欣赏

体育舞蹈是将艺术、体育、音乐、舞蹈融于一体，把"健"与"美"完整结合的典范。作为一种艺术形式，体育舞蹈因为具有独特的观赏性和强烈的艺术感染力，在众多的体育项目中独树一帜。作为一项体育运动，体育舞蹈又具有极强的竞技性，有别于崇尚表演的舞蹈。同时，体育舞蹈还是一项老少皆宜的健身和娱乐方式。正因为如此，体育舞蹈自问世之日起，就很受大众喜爱并很快风靡世界。我们可以从以下三个方面欣赏体育舞蹈。

（一）欣赏形体美

在比赛中，选手不仅技艺超群，而且以其优美的形体和外貌使裁判和观众为之倾倒，优美的身体造型与音乐的协调配合能够极大地满足人们的审美心理要求。因此，优美的身体形态也就成为夺取好成绩的必要条件。

（二）欣赏音乐美

音乐是体育舞蹈的重要组成部分。音乐是一种表现艺术，它以声音来表达创造者和表演者的内心世界。因此，在欣观体育赏舞蹈时，可以随着音乐的旋律展开联想与想象。在观看体育舞蹈比赛时，要欣赏选手是如何时巧妙地把技术动作、乐曲的旋律、节奏及个人的风格和谐地组织起来的。

（三）欣赏动作美

在体育舞蹈比赛中，选手利用自己的身体条件和表演风格，把具有各自特色的动作表演得那样娴熟，完成足够数量的、精彩的、有较高难度的动作组合，做到动中有静、静中有动，舒展流畅，连绵不断，使外在的动作与内在的情感融为一体，加上优美动听的音乐，令观众陶醉在美的艺术之中，充分得到美的享受。

第三节　花样跳绳

一、花样跳绳概述

（一）花样跳绳运动简介

花样跳绳运动是伴随着时代发展而逐步发展和完善起来的一项集健身、娱乐、竞技、表演于一体的新型运动项目，是以我国优秀民间传统体育运动项目——跳绳作为基础的。它既保留了传统跳绳的运动特点，又摒弃了传统跳绳的枯燥乏味，融入了中国传统武术、体操、健美操和街舞等其他时尚运动元素，还增添了舞蹈和音乐等艺术元素。目前，花样跳绳运动正呈现出一种多运动形式和多艺术元素融合发展的趋势。

跳绳分为速度类、花样类和表演类三大类别。速度类跳绳包括单摇跳、交叉跳、双摇跳、多摇跳、一带一、交互速度、速度跳接力、多人跑8字、多人跳大绳等10多个项目；花样跳绳包括个人花样、同步花样、交互花样、车轮跳花样、广场绳舞等项目。

（二）跳绳运动的特点

（1）简便易行，场地要求低，安全性高，入门门槛低；
（2）内容丰富，形式多变，花样繁多；
（3）可健身、可竞技、可表演，锻炼效果明显；
（4）全身参与，综合锻炼，是堪称完美的运动方式。

（三）跳绳的八大功效

1.跳绳是有效的增高运动

众所周知，跳绳作为一项纯粹的纵向运动，长期训练可以刺激生长激素分泌，促进儿童骨骼发育，增加骨密度和骨强度，堪称"完美的长高运动"。专家表示，未完成发育的少年儿童长骨骨干两端有骨骺存在，骨干与骨骺之间有骺软骨，被称为生长板。在生长发育期，骺软骨会不断生长。在跳绳运动过程中，会由于血液循环加速，使正处于发育时期的骨组织的血液供应得到改善，促进了骨塑建过程加快。跳绳还可以促进骨密度增长，从而有利于身高的增长。

2.跳绳是能增强心肺功能的运动

跳绳可以让血液获得更多的氧气，使心血管系统保持强壮和健康。跳绳能增强人体心血管、呼吸和神经系统的功能，能增进人体器官发育，有益于身心健康，强身健体，开发智力。

3.跳绳是能减肥塑形的运动

跳绳是一种有氧运动，能够消耗身体内多余的脂肪，使肌肉变得富有弹性。它不但可以帮你减肥瘦身，还可以让全身肌肉匀称有力，同时会让你的呼吸系统、心血管系统得到充分的锻炼。利用跳绳减肥瘦身，方法简单、有趣，不受气候的影响，男女老少皆宜，只需要一根绳子就可以达到减肥瘦身的目的。跳绳结束后，一定要做拉伸动作，拉伸动作能使肌肉分布均匀，防止出现"萝卜腿"的现象。

4.跳绳是辅助其他运动项目的运动

跳绳可以作为其他许多运动项目的重要辅助训练手段，特别是羽毛球、篮球、乒乓球、排球、拳击、散打、跆拳道等项目。

5.跳绳是实用的健脑运动

儿童在跳绳过程中不断地数数，使其大脑皮层处于兴奋状态，有助于其将抽象记忆转化为形象记忆，有助于儿童体力、智力和应变能力的协调发展。

6.跳绳是增强下肢力量和提高弹跳力的利器

跳绳每小时消耗体内热量约1000卡路里，并且使人心律维持在与慢跑大致相同的水平，而且能避免因跑步而造成的膝、踝关节疼痛的困扰。跳绳对身体的灵敏性、平衡能力、协调性和柔韧性都有奇妙的促进作用，能使下肢力量得到发展，让小腿肌肉变得有爆发力，使大腿和臀部肌肉纤维更结实。

弹跳力是全身力量、跑动速度、反应速度、身体协调性、柔韧性、灵活性的综合体现。在跳绳的过程中，双脚始终在不停跳动，每天坚持练习1个小时的跳绳，能有效提高弹跳力。

7.跳绳是提升综合身体素质的有效手段

跳绳作为一项集力量、速度、协调、灵敏、耐力等多项身体素质于一体的综合运动形式，在发展和提升综合身体素质方面优势明显。跳绳要求全身所有关节、所有脏器和组织都参与其中，而且具有明显的后燃效应，是提升综合身体素质和健身的有效手段。

8.跳绳可以预防多种疾病

跳绳可以预防诸如糖尿病、关节炎、肥胖症、骨质疏松、高血压、肌肉萎缩、高血脂、失眠症、抑郁症、更年期综合征等多种症病，对哺乳期和绝经期妇女来说，跳绳还兼有放松情绪的积极作用，因而也有利于女性的心理健康。

（三）跳绳绳具的种类及选择

1. 跳绳绳具种类

市面上能够见到的跳绳绳具种类繁多，价格从几元钱到几十元甚至上百元不等，但都可以分为玩具跳绳和专业跳绳两种。玩具跳绳以娱乐和玩耍为主，专业跳绳具有明显的技术要求和选用标准。目前常见的专业跳绳有：珠节绳、棉麻绳、细胶绳、钢丝绳和智能绳。跳绳者要根据不同的技术水平和阶段，合理选择适合的绳具，才有利于正确掌握标准的跳绳技术，提升跳绳技能。

2. 跳绳绳具选择

选择一条适合自己的跳绳尤为重要，可以有效避免许多不必要的麻烦。一般来讲，初学者最好选择珠节绳或棉麻绳，因为珠节绳绳体柔软、自重较大，且打地时会发出明显的有节奏的声音，便于控制和掌握。棉麻绳具备了珠节绳的相关属性，而且安全性要高于珠节绳，也是不错的选择。水平提升后，可以选择细胶绳，动作更熟练后，可选用钢丝绳。速度类跳绳以细胶绳和钢丝绳为主，花样类跳绳以珠节绳、棉麻绳和细胶绳为主。

3. 绳具调节

不同身高、不同技术水平和不同年龄的人对绳长的要求不同，合适的绳长对于保证技术的规范性、准确性和实效性非常重要。对于初学者来讲，调节绳长的方法是：一脚踩住绳体中间，让绳体对折竖直拉起，绳体末端至肘关节处（不计手柄）。如果是速度类跳绳，绳长应适当缩短 10 厘米左右，绳体末端至肚脐部位即可。绳子的长度随着运动水平的提高，应逐步缩短，并根据手腕的力量和控制能力，进行动态调整。

二、各种跳绳动作

（一）并脚跳

1. 动作描述

呈基本准备姿势站立，开始时双脚并拢直立，手握绳柄，两臂自然弯曲，由手腕发力摇绳，由后向前发力，当绳子摇至脚前瞬间，并脚发力跳跃过绳，让绳绕身体转 360 度。并脚跳的动作如图 7-3-1 所示。

图 7-3-1　并脚跳的动作

2. 动作要点

在整个动作过程中，双脚始终保持并拢，大臂夹紧身体，小臂自然下垂，手腕发力甩绳；起跳时，膝关节与踝关节发力将身体弹起；落地时，膝关节弯曲缓冲。

3. 重点与难点

重点：掌握双腿落地时膝盖对力的缓冲。

难点：连续跳动过程中，上下肢的配合要根据跳绳的节奏，保持动作的协调性、美观性。

4. 教法提示

（1）开始时徒手练习摇绳动作，之后单手握绳练习起跳配合，熟悉动作。

（2）手握跳绳练习手脚协调性，掌握并脚跳的完整动作。

（3）变换跳跃的节奏与速度，提高熟练程度。

（4）跳绳时身体保持直立姿态，抬头挺胸，面带微笑。

（二）双脚交换跳

1. 动作描述

呈基本准备姿势站立，开始时手握绳柄，两臂自然弯曲，由手腕带动跳绳，由后向前发力，当绳子摇至脚前瞬间，双脚依次交换跳跃过绳，让绳绕身体转 360 度。双脚交换跳的动作如图 7-3-2 所示。

图 7-3-2　双脚交换跳的动作

2. 动作要点

摇绳时手腕发力甩绳；抬脚时，小腿、踝关节保持放松状态；左右脚抬落的频率一致；抬腿不宜过高。

3. 重点与难点

重点：掌握好摇与跳之间的节奏及双脚交换跳跃时的协调性。

难点：左右脚交换跳跃时的衔接要流畅，保持动作的协调性、美观性。

4. 教法提示

（1）开始时徒手练习摇绳动作，之后单手持绳练习起跳配合，充分熟悉动作。

（2）双手握绳练习手脚协调性，把握左右脚交换的节奏，掌握双脚交换跳的完整动作。

（3）变换跳跃的节奏与速度，提高熟练程度。

（4）跳绳时身体保持直立姿态，抬头挺胸，面带微笑。

（三）开合跳

1. 动作描述

呈基本准备姿势站立，开始时手握绳柄，两臂自然弯曲，由手腕带动跳绳，由后向前发力，当绳子摇至脚前瞬间，双脚并拢发力起跳，在空中双脚打开过绳，落地；第二次过绳时，双脚分开发力起跳，空中双脚并拢过绳，落地。双脚一并一开两次过绳，为一组开合跳的完整动作。开合跳的动作如图 7-3-3 所示。

图 7-3-3　开合跳的动作

2. 动作要点

双脚打开落地时，两脚间的距离与肩同宽；双脚打开与并拢是在空中完成的；注意膝关节、踝关节在落地时对力的缓冲。

3. 重点与难点

重点：掌握好起跳和双脚打开、并拢的先后顺序及节奏。

难点：掌握空中双脚开合动作和摇绳之间的节奏性与流畅性，保持动作的协调性、美观性。

4. 教法提示

（1）开始时徒手练习摇绳动作，练习起跳与摇绳之间的配合，充分熟悉动作。

（2）手握跳绳练习手脚协调性，注意空中动作，掌握开合跳的完整动作。

（3）变换跳跃的节奏与速度，提高熟练程度。

（4）跳绳时身体保持直立姿态，抬头挺胸，面带微笑。

（四）左右甩绳

1. 动作描述

呈基本准备姿势站好，开始时手握绳柄，两臂自然弯曲，由手腕和手臂带动跳绳，当手摇至身体前面时，双手并拢带动跳绳甩向身体左侧，绳子不过脚，再次摇绳，当手再次摇至身体前面时，双手并拢带动跳绳甩向身体右侧。绳子从身体左侧和右侧各通过一次为一组左右甩绳的完整动作。左右甩绳的动作如图 7-3-4 所示。

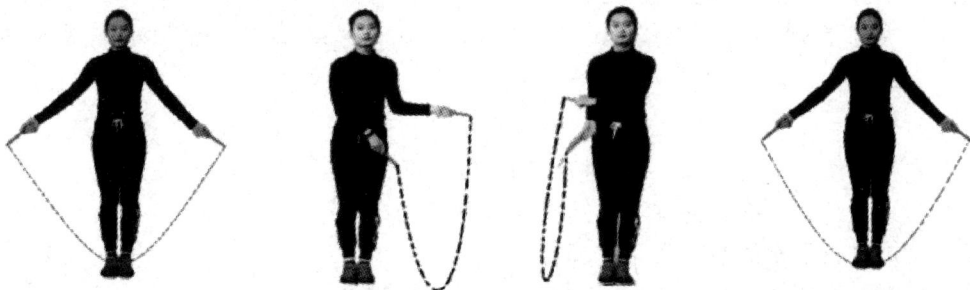

图 7-3-4　左右甩绳的动作

2. 动作要点

甩绳时，小臂带动手腕甩绳；向身体左侧或右侧甩绳时，注意绳的运动轨迹。

3. 重点与难点

重点：掌握好向左侧甩动绳子和向右侧甩动绳子动作之间的衔接。

难点：掌握跳动过程中身体重心的转移和甩绳的节奏，保持动作的协调性、美观性。

4. 教法提示

（1）开始时徒手练习甩绳动作，熟悉动作。

（2）手握跳绳练习手脚协调性，熟悉绳的运动轨迹，以便掌握左右甩绳的完整动作。

（3）变换跳跃的节奏与速度，提高熟练程度。

（4）跳绳时身体保持直立姿态，抬头挺胸，面带微笑。

（五）基本交叉跳

1. 动作描述

呈基本准备姿势站好，两手握绳的两端，绳由体后向体前摇动，第一拍为直摇绳跳，动作与并脚跳一致；第二拍为交叉绳跳，当绳摇到额头位置时，两臂迅速在体前交叉，同时向后快速抖腕，两脚跳跃过绳。基本交叉跳的动作如图 7-3-5 所示。

图 7-3-5 基本交叉跳的动作

2. 动作要点

两臂在体前交叉时，两个手腕尽量紧贴腹部；双手交叉时手腕向里画弧，双手打开时手臂向外画弧，使绳子通过脚下时呈弧线状态。

3. 重点与难点

重点：掌握两臂交叉的位置和时机。

难点：掌握直摇绳跳与交叉绳跳之间的衔接；交叉绳跳时，控制好手臂和手腕的动作。

4. 教法提示

（1）先徒手练习交叉摇绳，掌握控制绳子的技巧。

（2）持绳进行交叉摇绳的练习，熟悉手腕画弧的动作。

（3）持绳进行正常的基本交叉跳练习。

（4）跳绳时身体保持直立姿态，抬头挺胸，面带微笑。

（六）弓步跳

1. 动作描述

呈基本准备姿势站好，双手持绳将绳由体后向体前摇动。当绳子打地时，起跳，两脚前后开立成弓步动作（左脚在前）落地；当绳子再次打地时，起跳，两脚并拢落地；当绳子第三次打地时，起跳，两脚前后开立成弓步（右脚在前）落地；当绳子第四次打地时，起跳，两脚并拢落地。一次弓步落地，一次并步落地，弓步落地时，左脚、右脚交替在前，四次动作为一组弓步跳的完整动作。弓步跳的动作如图7-3-6所示。

图 7-3-6　弓步跳的动作

2. 动作要点

两脚跃过绳子时为并脚，跳过绳子后瞬间呈前后弓步落地，前脚弓、后脚绷，两脚间距不宜过大。

3. 重点与难点

重点：跳过绳子时是并脚，落地时是弓步。

难点：摇绳的节奏与弓步跳的节奏保持一致，节奏和步法都不能乱。

4. 教法提示

（1）先徒手练习弓步与空中并脚的衔接动作。

（2）单手持绳慢节奏练习。

（3）双手持绳进行练习，掌握弓步跳的完整动作。

（4）跳绳时身体保持直立姿态，抬头挺胸，面带微笑。

（七）并脚左右跳

1. 动作描述

呈基本准备姿势站立，开始时双脚并拢，两手持绳，手腕发力向前摇绳。当绳子过脚时，双脚并拢向右跳；当绳子再次过脚时，双脚并拢向左跳。身体向左右两边各跳一次为一组完整的并脚左右跳动作。并脚左右跳的动作如图7-3-7所示。

图 7-3-7　并脚左右跳的动作

2. 动作要点

摇绳与起跳的节奏要一致，向左右两边并脚落地的位置和初始位置间的距离不宜过大。

3. 重点与难点

重点：摇绳和起跳动作之间的配合。

难点：掌握好摇绳的节奏与跳过绳的时机。

4. 教法提示

（1）先徒手练习并脚左右跳动作，然后单手持绳练习并脚左右跳动作。

（2）左右跳时，注意手腕的发力，注意膝关节与踝关节对力的缓冲。

（3）进行完整动作的练习，注意摇绳与起跳的节奏。

（4）跳绳时身体保持直立姿态，抬头挺胸，面带微笑。

（八）勾脚点地跳

1. 动作描述

呈基本准备姿势站立，开始时双脚并拢，两手臂由体后向体前摇绳。第一拍，其中一只脚勾脚，同时向同侧的前方点地，另一只脚直立，跳跃过绳；第二拍，双脚并拢过绳；第三拍，双脚交换做与第一拍相同的动作。一拍一动，完成勾脚点地跳。勾脚点地跳的动作如图 7-3-8 所示。

图 7-3-8　勾脚点地跳的动作

2. 动作要点

第一拍过绳后，右脚伸出，勾紧脚，脚跟轻点地面，重心在支撑脚上，第二拍过绳时，双脚并拢。

3. 重点与难点

重点：勾脚时脚跟点地，控制好双脚间的距离。

难点：勾脚的脚跟点地时，控制好重心，勾脚过绳和并脚过绳动作间的配合及衔接。

4. 教法提示

（1）先徒手练习脚下动作，再单手摇绳练习脚下动作。
（2）注意两手腕自然发力摇绳，注意手与脚的节奏。
（3）跳绳时身体保持直立姿态，抬头挺胸，面带微笑。

（九）后踢腿跳

1. 动作描述

呈基本准备姿势站立，双手同时由体后向体前摇绳。右腿单腿过绳的同时，左腿小腿向后折叠，右腿正常落地，屈膝缓冲。再次摇绳时，换左腿单腿过绳，右侧小腿向后折叠，左腿正常落地，屈膝缓冲。左右腿依次轮换交替，完成后踢腿跳。后踢腿跳的动作如图 7-3-9 所示。

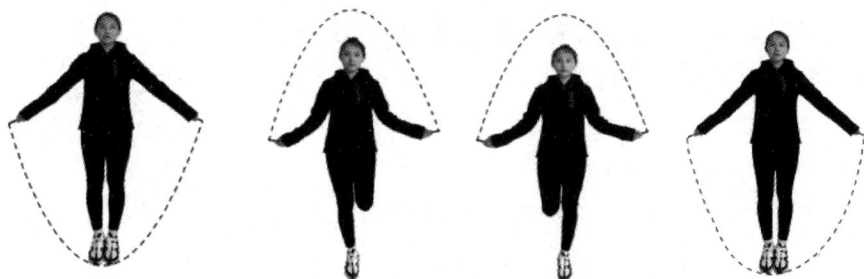

图 7-3-9　后踢腿跳的动作

2. 动作要点

肢体配合要协调，绳子过单腿后，另一只腿的小腿要瞬间向后折叠，与大腿间的夹角约为 90 度，脚尖绷起。支撑脚落地时，要注意踝关节与膝关节对力的缓冲。

3. 重点与难点

重点：单腿过绳时，重心应落于支撑脚上，注意肢体的协调配合。
难点：掌握好左右腿依次交替向后折叠的时机和节奏。

4. 教法提示

（1）双手叉腰徒手原地练习后踢腿的慢动作，掌握节奏。
（2）单手摇绳，进一步熟悉左右腿的协调配合，重点练习小腿交替向后折叠的动作和节奏。
（3）加快交换跳跃的节奏和速度，提高熟练程度。
（4）跳绳时身体保持直立姿态，抬头挺胸，面带微笑。

（十）钟摆跳

1. 动作描述

双手持绳放于身后，呈基本准备姿势站立，双手同时由体后向体前摇绳。在绳子落地之前右腿向右侧摆动，左腿直立，越过绳子自然落地；下一次过绳前，右腿迅速回到原位，左腿向左摆动，右腿直立，越过绳子自然落地。两腿依次轮换摆动，完成钟摆跳。钟摆跳的动作如图 7-3-10 所示。

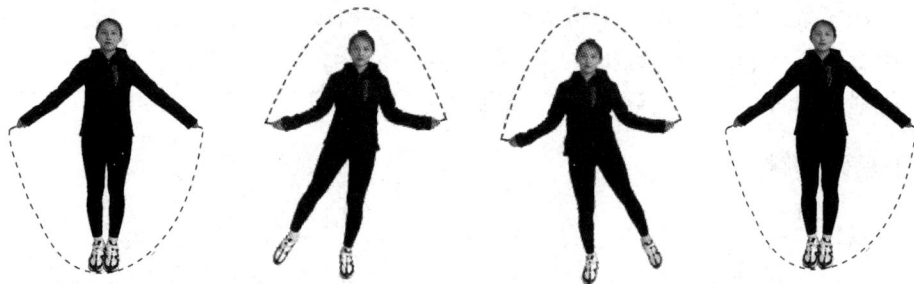

图 7-3-10　钟摆跳的动作

2. 动作要点

（1）先摆腿后过绳，控制好脚绳过的时机。

（2）摆动腿的动作自然放松，摆出腿的脚尖应该绷直。

（3）摇绳时，两手腕应自然放松。

3. 重点与难点

重点：摆出腿的脚尖应绷直。

难点：摇绳、摆腿、跳跃三个动作的配合要协调、自然。

4. 教法提示

（1）双手叉腰，徒手原地练习左右钟摆跳的动作，速度由慢到快。

（2）单手摇绳，练习摇绳与左右钟摆跳动作的配合，直至动作熟练。

（3）双手持绳，练习左右钟摆跳，练习绳与肢体的协调配合，速度由慢到快。

（十一）提膝跳

1. 动作描述

双手持绳放于身后，呈基本准备姿势站立，双手同时由体后向体前摇绳。绳打地时，并脚跳过绳，此时左腿提膝，小腿与大腿约呈 90 度角，脚尖绷直朝下，右腿自然落地；再次摇绳打地时，双腿并脚跳过绳，右腿提膝，小腿与大腿约呈 90 角度，脚尖绷直朝下，左腿自然落地。左右腿依次交换进行，完成提膝跳。提膝跳的动作如图 7-3-11 所示。

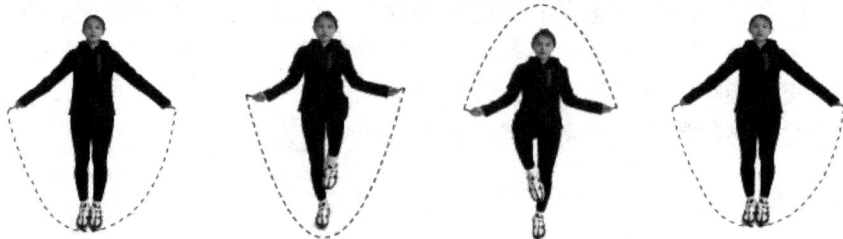

图 7-3-11　提膝跳的动作

2. 动作要点

提膝跳时，身体重心应保持在支撑腿上；提膝时，大腿应与地面接近平行，脚尖绷直朝下，动作自然。

3. 重点与难点

重点：身体要始终保持直立，动作自然放松。

难点：提膝时，小腿与大腿应呈 90 度角，脚尖绷直朝下。

4. 教法提示

（1）双手叉腰，原地无绳练习提膝跳动作，速度由慢到快，掌握提膝跳的动作与节奏。

（2）单手摇绳，练习提膝跳的动作，速度由慢到快。

（3）双手摇绳，练习提膝跳的动作，速度由慢到快。

（4）跳绳时身体保持直立姿态，抬头挺胸，面带微笑。

（十二）弹踢腿跳

1. 动作描述

双手持绳放于身后，呈基本准备姿势站立，双手同时由体后向体前摇绳。并脚过绳后，左腿向后折叠，右脚正常落地；再次摇绳通过身体后，左脚脚尖绷直并随左小腿向前踢出；摇绳第三次通过身体后，右腿向后折叠，左脚正常落地；第四次摇绳通过身体后，右脚脚尖绷直并随右小腿向前踢出。左右脚依次交替，完成弹踢腿跳。弹踢腿跳的动作如图 7-3-12 所示。

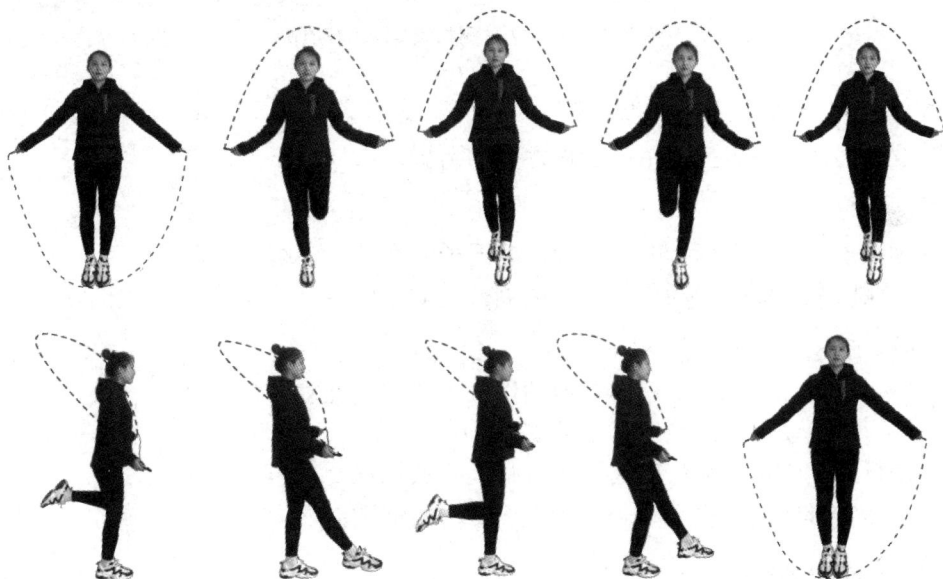

图 7-3-12 弹踢腿跳的动作

2. 动作要点

并脚过绳后，小腿应尽量向后折叠至接近大腿部位；小腿前踢时，应注意脚尖绷直，踝关节放松，此时将重心放于支撑腿上。

3. 重点与难点

重点：支撑脚落地时要注意对力的缓冲，注意摇与跳的节奏配合。

难点：注意小腿部向后折叠和向前弹踢动作的协调配合。

4. 教法提示

（1）双手叉腰，原地徒手练习弹踢腿跳动作，练习动作与节奏感。

（2）单手摇绳和双手摇绳，分别练习弹踢腿跳动作，熟悉动作。

（3）跳绳时身体保持直立姿态，抬头挺胸，面带微笑。

（十三）左右侧打直摇跳

1. 动作描述

呈基本准备姿势站立，双手持绳置于身体后方，两脚并拢，上体直立。手腕发力摇绳至身体左侧，之后双手交叉，左手在上，将绳甩至身体右侧；然后双手打开，摇绳，双脚并拢跳越过绳。左右侧打直摇跳的动作如图 7-3-13 所示。

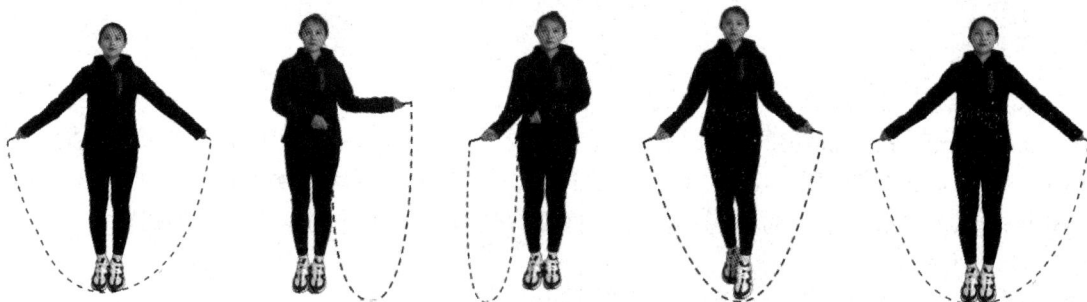

图 7-3-13　左右侧打直摇跳的动作

2. 动作要点

手腕发力摇绳，注意三种甩绳动作之间的衔接。

3. 重点与难点

重点：绳子从左至右衔接时，要利用好绳子的惯性，手腕发力摇绳。

难点：在向左边侧打绳动作与向右边侧打绳动作衔接时，要控制好绳子。

4. 教法提示

（1）单手持绳，练习单侧甩绳打地动作，注意用手腕发力。

（2）练习单组动作，熟悉绳与手的配合。

（3）进行连续的左右侧打直摇跳练习，提高熟练程度。

（4）跳绳时身体保持直立姿态，抬头挺胸，面带微笑。

（十四）手腕缠绕跳

1. 动作描述

呈基本准备姿势站立，双手持绳置于身体后方。手腕摇绳，将绳从身体后方摆动至身体左前方，继续甩绳，让绳子缠绕在左手手腕上；随后根据绳子的运动轨迹将绳子甩向身体右侧，双手跟随绳子一起移动到身体右侧，让绳子缠绕在右手手腕上。手臂缠绕跳的动作如图 7-3-14 所示。

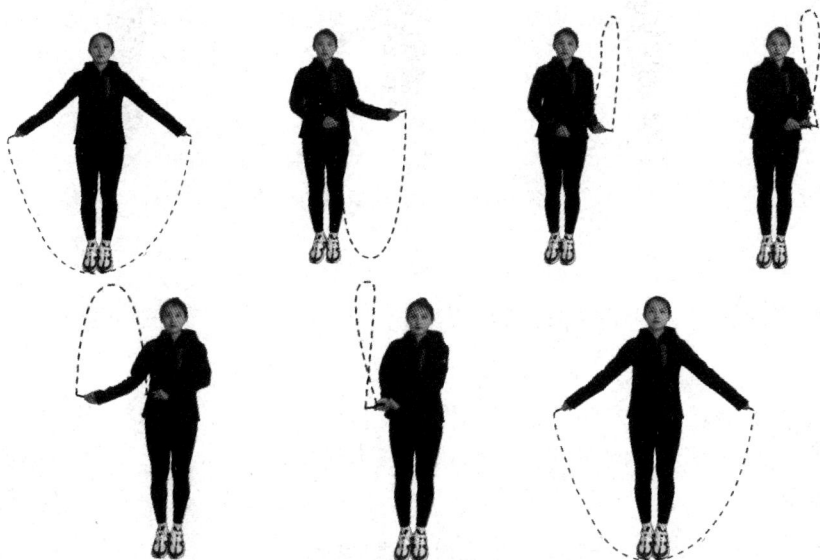

图 7-3-14　手腕缠绕的动作

2. 动作要点

绳子从身体后方摇至前方时要用手腕的发力；要将绳子缠绕于手腕上，如果缠绕到小臂或大臂上，不易发力做出连接动作。

3. 重点与难点

重点：动作完成顺畅，优美自然。

难点：绳子缠绕于左手腕与绳子缠绕于右手腕两个动作之间的过渡衔接。

4. 教法提示

（1）首先，练习缠绕动作绳子绕左手腕一圈之后，接着打开，缠绕右手腕，双手之间协调配合。

（2）放松手腕，控制好身体与绳之间的配合，注意甩绳的幅度。

（3）跳绳时身体保持直立姿态，抬头挺胸，面带微笑。

（十五）前后转换跳

1. 动作描述

呈基本准备姿势站立，双手持绳置于身后。手腕发力摇绳，双脚并拢跳跃，从身体前面过绳一次；之后身体边向左转边双手打开，并做后摇绳动作，双脚并拢跳跃，从身体后面过绳一次；之后身体继续向左转，边转身边打开双手，并做前摇绳动作，双脚并拢跳跃，从身体前面过绳，此时身体应正对开始前的方向。前后转换跳的动作如图 7-3-15 所示。

图 7-3-15　前后转换跳的动作

2. 动作要点

要控制好跳动方向和绳子前摇、后摇时的衔接动作。

3. 重点与难点

重点：注意手腕发力的方向，保持动作优美。

难点：掌握改变绳子方向时的发力部位和发力时机。

4. 教学提示

（1）先学会手对绳的控制能力，多练习，熟悉绳性。

（2）两手腕放松，摇绳自然轻松，手与脚做到协调配合。

（3）膝关节放松并微屈，前脚掌着地。

（4）跳绳时身体保持直立姿态，抬头挺胸，面带微笑。

（十六）踏步跳

1. 动作描述

呈基本准备姿势站立。开始时双脚并拢，手握绳柄，两臂自然弯曲，手臂在腰两侧呈倒八字状，由手腕带动跳绳前摇；当绳子摇至脚前瞬间，双脚同时发力起跳，在空中抬起左腿过绳，过绳后放左脚，双脚同时落地；再次摇绳至脚前瞬间，双脚同时发力起跳，在空中抬右腿过绳，过绳后放右脚，双脚同时落地；左右连贯交替进行。踏步跳的动作如图7-3-16 所示。

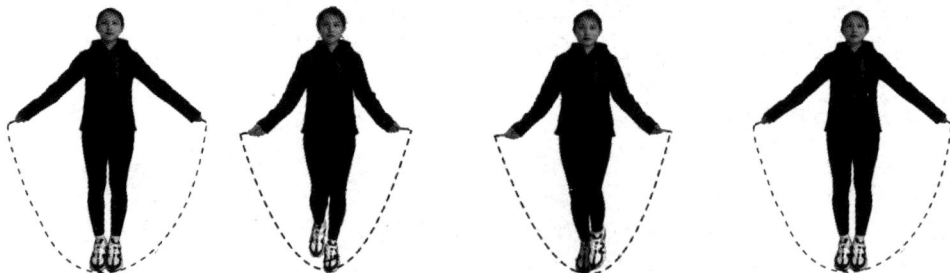

图 7-3-16　踏步跳的动作

2. 动作要点

起跳和落地时，都是双脚并拢，同时发力；在空中抬腿时，幅度不宜过高；注意落地时膝关节和踝关节对力的缓冲。

3. 重点难点

重点：踏步跳动作与绳的配合。

难点：掌握腿的收放动作及跳绳的节奏，保持动作的协调性、美观性。

4. 教法提示

（1）开始时，徒手分别练习摇绳动作、双脚的起跳动作、空中收腿动作。

（2）手握跳绳练习手脚协调性，熟悉换腿与甩绳的节奏，掌握踏步跳的完整动作。

（3）变换跳跃的节奏与速度，提高熟练程度。

（4）跳绳时身体保持直立姿态，抬头挺胸，面带微笑。

（十七）敬礼跳

1. 动作描述

呈基本准备姿势站立。开始时双脚并拢，双手握绳置于身后，两臂自然弯曲，由手腕带动跳绳前摇；当绳在身体上方时，将左小臂挥至腹前，右小臂挥至背后，继续摇绳，当绳子摇至脚前瞬间，双脚发力跳跃过绳，过绳后，双臂打开；再次摇绳且绳在身体上方时，将右小臂挥至腹前，左小臂挥至背后，继续摇绳，当绳子摇至脚前瞬间，双脚发力跳跃过绳，过绳后，打开双臂；左右连贯交替进行。敬礼跳的动作如图 7-3-17 所示。

图 7-3-17　敬礼跳的动作

2. 动作要点

挥臂动作要连贯，不要停顿；掌握好双臂位置变换的时机；落地时注意膝关节对力的缓冲。

3. 重点难点：

重点：挥臂时机和过绳时机的把握；敬礼跳完整动作的完成。

难点：双臂位置变换时，掌握好绳子的圆润程度，保持动作的协调性、美观性。

4. 教法提示

（1）先徒手练习摇绳动作和挥臂起跳动作。

（2）手握跳绳练习手脚协调性，掌握敬礼跳的完整动作。

（3）变换跳跃的节奏与速度，提高熟练程度。

（4）跳绳时身体保持直立姿态，抬头挺胸，面带微笑。

第八章

其他运动项目

第一节 武术

一、武术概述

（一）武术的演化

商周时期，利用"武舞"来训练士兵，鼓舞士气。故认为武术可以以舞蹈形式演练。春秋战国时期，各诸侯国都很重视格斗技术在战场中的运用。齐桓公通过举行春秋两季的"角试"来选拔天下英雄。在这时期，剑的制造及剑道都得到了空前的发展。秦汉时期，盛行角力、击剑，有宴乐兴舞的习俗。鸿门宴中即有项庄舞剑，其形式更接近于今天武术的套路。汉代时，对枪的应用达到巅峰，各种枪法开始出现。

新中国成立后，以武馆传授方式的武术学习停止了，只有部分门派的武术被编成健身及表演套路。

改革开放后，一般按其内容将武术分为套路和搏击格斗两个类别。

（二）武术表演属性的来源

表演艺术，在电影未出现之前，主要是以舞台戏剧形式呈现的。中国戏剧的前身是中国戏曲，历史上最先使用"戏曲"这个名词的是宋代的刘埙。中国戏剧，是自元代开始才在民间蓬勃发展起来的。

元代统治者喜爱看戏，元代又停止了科举制度（包括文举与武举），致使原来要考试的文人没了出路，便流浪到那些杂技班、戏班子里面去编写剧本维持生计。这些人里面，有关汉卿、有写《西厢记》的王实甫、有写《赵氏孤儿》的纪君祥，还有马致远等，加上负责对元杂剧进行武术指导的武人，致使中国戏曲迅速发展成为中国戏剧。其结果是，从元代产生的戏剧，使中国的戏剧快速地赶上了古希腊悲剧、古印度梵剧，尤其是元杂剧，广泛并迅速地在民间流传开来。

而其中，负责对元杂剧进行武术指导的武人，是不会让元人学真正的中华武术的，于是，他们便照搬一些戏班中的动作，并赋予其"武术"的名义。这就是现在很多人看到戏台上的"武术"花架子的来源。

后来，电影艺术对"中国武术""中国功夫"的广泛传扬，让套路、表演类的"武术"被普通人所熟知。

（三）传统武术套路和现代武术套路的区别

中国传统武术，是以中国为地域范围、具有中国特色的，以制止侵袭、停止战斗为导向的，包含武术与武德的传统关系的，带领修习者认识人与自然、社会客观规律的传统教化方式。

现代武术套路就是一连串含有技击和攻防含义的动作组合，是以技击动作为素材，以攻守进退、动静疾徐、刚柔虚实等变化规律编成的整套练习形式，又被称为"套路运动"。

传统武术套路和现代武术套路的共同点是：在动作中都包含了攻防含义；都具有中国特

色。它们的区别在于：传统武术包含了更多个人的思想、流派、地域和社会实践的差异，更为丰富多样；而现代武术套路更注重动作的统一性、竞艺性、科学性和观赏性。

二、常见武术套路内容及分类

（一）拳术

拳术是徒手练习的套路运动。它的种类很多，主要有长拳、太极拳、南拳、形意拳、八卦掌、通背拳、象形拳等。

1. 长拳

它以拳、掌、勾为其主要手形和弓步、马步、仆步、虚步、歇步为其主要步型，并由蹿蹦跳跃、闪展腾挪、起伏转折、跌扑滚翻等动作和技术组成的姿势舒展、动作灵活、快速有力、节奏鲜明的拳术。它是在总结传统的查拳、华拳等拳术技术的基础上形成的，主要有各种适合普及的初级、中级套路，以及适合竞赛的规定套路和自选套路。

2. 太极拳

太极拳是一种柔和、缓慢、轻灵的拳术。它以掤、捋、挤、按、采、挒、肘、靠、进、退、顾、盼、定为基本十三式。太极拳动作轻柔圆活，处处带有弧形，运动绵绵不断，势势相承。传统的太极拳有陈式、杨式、吴式、孙式和武式等较有影响力的流派。各式太极拳也还有大架、小架、开合、刚柔相兼等各自不同的特点。国家体委推陈出新，先后整理推广了24式简化太极拳、48式太极拳及88式太极拳等。

3. 南拳

南拳是一种流传于我国南方各省的拳势刚烈的拳术。南拳的拳种和流派颇多，各自又有不同的特点。其动作朴实刚劲，步法稳固，拳势激烈，常以发声吐气助长发力。

4. 形意拳

形意拳是以三体式为基本姿势，以劈、崩、钻、炮、横五拳为基础拳法，并吸取了龙、虎、猴、马、鼍、鸡、鹞、燕、蛇、鹰、熊11种动物的动作与形态而组成的拳术。其动作整齐简练，发力沉着，朴实明快。

5. 八卦掌

八卦掌是一种以摆扣步走转为主，包括推、托、带、领、穿、搬、截、拦等掌法变换内容的拳术。它的特点是沿圈走转，势势相连，身灵步活，随走随变。

6. 通背拳

通背拳是以摔、拍、穿、劈、攒5种手法为主要内容，通过圈、揽、勾、劫，削、摩、拨、扇等八法的运用而生化许多动作的拳术。它的动作大开密合、放长击远，发力起自腰背，甩膀抖腕，讲求冷弹柔进。

7. 象形拳

象形拳是模拟各种动物的特长和形态，或表现某些古代人物的搏斗形象和生活形象的拳术。象形拳分象形、取意两种，前者以模仿动物和人物的形态为主，缺少或很少有技击的动作；后者则以取意动物的搏击特长为主，以动物的搏击特长来充实技击动作的内容。

（二）器械

器械的种类很多，分为长器械、短器械、双器械、软器械等。刀、枪、剑、棍是器械的代表。

1. 刀术

刀，短器械的一种，它由刃、背、尖、护手盘和刀柄等构成。刀术中主要有缠头裹脑和劈、砍、斩、撩、扎、挂、戳、刺等基本刀法。它的特点是勇猛快速、刚劲有力。

2. 剑术

剑，短器械的一种，它由剑刃、背、锋、护手、柄等部分组成。剑术中主要有刺、点、劈、崩、挂、抹、云、撩、戳、刺、格、洗等剑法。它的特点是刚柔相济、吞吐自如、轻快潇洒、矫健优美、富有韵律。

3. 枪术

枪，长器械的一种，由枪头、枪缨和枪杆所组成，多用白蜡杆作枪杆。枪法以拦、拿、扎等动作为主，还有崩、点、穿、拨、挑、云、劈等动作。练习枪术要求持枪稳活，扎枪要平正迅速，枪扎一线，力注枪尖，拦拿缠绕圈转，前管后锁，劲力适当，方法正确，身法灵活多变，步法轻灵稳健。

4. 棍术

棍，长器械的一种，它以劈、抡、绞、扫、戳、挑、撩、拨等棍法为主，并配合步型、步法、身法等构成套路。练棍要求梢把兼用、横打一片、身棍合一，体现出勇猛泼辣、快速有力、棍打一片的特点。

第二节　太极拳

一、太极拳概述

（一）认识太极拳运动

太极拳，属于国家级非物质文化遗产，是以中国传统儒、道哲学中的太极、阴阳辩证理念为核心思想，集颐养性情、强身健体、技击对抗等多种功能为一体，结合易学的阴阳五行之变化、中医经络学、古代的导引术和吐纳术形成的一种内外兼修、柔和、缓慢、轻灵、刚柔相济的中国传统拳术。

传统太极拳门派众多，常见的太极拳流派有陈式、杨式、武式、吴式、孙式等派别，各派既有传承关系，相互借鉴，也各有自己的特点，呈百花齐放之态。由于太极拳是近代形成的拳种，流派众多，群众基础广泛，因此是中国武术拳种中非常具有生命力的一支。

2006年，太极拳被列入中国首批国家非物质文化遗产名录。

（二）太极拳的渊源

太极拳的创始，目前有两种不同的说法：一种说法是太极拳创自陈王廷，另一种说法是太极拳由张三丰创立。在抗日战争之前，全国各地的太极拳家无不尊张三丰为祖师。其原因是，张三丰创建了武当派，始创了内家拳。太极拳作为内家拳之首，尊称张三丰为祖师，是一种自然归属。

太极拳基本内容包括太极养生理论、太极拳拳术套路、太极拳器械套路、太极推手以及太极拳辅助训练法。其拳术套路有大架一路、二路；小架一路、二路。器械套路有单刀、双刀、单剑、双剑、大杆和青龙偃月刀等。

二、太极拳基本动作

1.起势

（1）左脚开立。左脚向左分开，两脚平行同肩宽。前脚掌先着地，要做到点起点落、轻起轻落。

（2）两臂前举。上举两臂时，不可耸肩，两臂慢慢向前举，自然伸直，两手心向下。

（3）屈腿按掌。两腿慢慢屈膝至半蹲，同时两掌轻轻下按至腹前。

起势的动作如图8-2-1所示。

图8-2-1 起势动作示意图

2.左右野马分鬃

（1）上体微向右转，重心移至右腿；同时右臂上提收至胸前平屈，手心向下，左手经体前向右下划弧至右手下，手心向上，两手心相对成抱球状，左脚随即收到右脚内侧，脚尖点地，眼看右手。

（2）上体微向左转，左脚向左前方迈出，右脚跟后蹬，右腿自然伸直，成左弓步，同时上体继续左转，左、右手随转体慢慢分别向左上、右下分开，左手高与眼平（手心斜向上），左肘微屈，右手落在右胯旁，右肘也微屈，手心向下，指尖向前，目视左手。

左右野马分鬃的第一组动作如图8-2-2所示。

图8-2-2 左右野马分鬃第一组动作示意图

（3）上体后坐，重心移至右腿，左脚尖翘起，微向外撇（大约45～60度），脚掌慢慢踏实，左腿慢慢前弓，身体左转，重心移至左腿，同时左手翻转向下，左臂内旋收至胸前平屈，右手向左上划弧至左手下，两手心相对成抱球状，右脚随即收到左脚内侧，脚尖点地，目视左手。

（4）右腿向右前方迈出，左腿自然伸直，成右弓步，同时上体右转，左、右手随转体分别慢慢向左下、右上分开，右手高与眼平（手心斜向上），右肘微屈，左手落在左胯旁，左肘也微屈，手心向下，指尖向前，目视右手。

左右野马分鬃的第二组动作如图 8-2-3 所示。

图 8-2-3　左右野马分鬃第二组动作示意图

（5）上体慢慢后坐，重心移至左腿，右脚尖翘起，微向外撇（大约 45～60 度），脚掌慢慢踏实，右腿前弓，身体右转，重心移至右腿，同时右手翻转向下，两手心相对成抱球状，右脚随即收到左脚内侧，脚尖点地，目视右手。

（6）左腿向左前方迈出，右腿自然伸直，成左弓步，同时上体左转，右、左手随转体分别慢慢向右下、左上分开，左手高与眼平（手心斜向上），左肘微屈，右手落在右胯旁，右肘也微屈，手心向下，指尖向前，目视左手。

左右野马分鬃的第三组动作如图 8-2-4 所示。

图 8-2-4　左右野马分鬃第三组动作示意图

3. 白鹤亮翅

（1）跟步抱球。上体稍左转，右脚向前跟步，落于左脚后；同时两手在胸前屈臂，成抱球状。

（2）虚步分手。上体后坐，并向右转体，左脚稍向前移动，成左脚虚步；同时右手分至右额前，掌心向内，左手按至左腿旁，上体转正；眼平视前方。

白鹤亮翅的动作如图 8-2-5 所示。

图 8-2-5　白鹤亮翅动作示意图

4. 左右搂膝拗步

（1）收脚托掌。上体右转，右手至头前下落，经右胯侧面，向后方上举，与头同高，手心向上，左手上摆，向右划弧落至右肩前；左脚收至右脚内侧面，成丁步；眼视右手。

（2）弓步搂推。上体左转，左脚向左前方迈出一步，成左弓步；左手从膝前上方搂过，停于左腿外侧，掌心向下，指尖向前，右手经肩上，向前推出，右臂自然伸直。

左右搂膝拗步的第一组动作如图 8-2-6 所示。

图 8-2-6　左右搂膝拗步第一组动作示意图

（3）收脚托掌。重心稍后移，左脚尖翘起外撇，上体左转，右脚收至左脚内侧，成丁步；右手经头前，划弧摆至左肩前，掌心向下，左手向左上方划弧上举，与头同高，掌心向上；眼视左手。

（4）弓步搂推。上体右转，右脚向右前方迈出一步，成右弓步；右手从膝前上方搂过，停于右腿外侧，掌心向下、指尖向前，左手经肩上，向前推出，左臂自然伸直。

左右搂膝拗步的第二组动作如图 8-2-7 所示。

图 8-2-7　左右搂膝拗步第二组动作示意图

（5）收脚托掌。重心稍后移，右脚尖翘起外撇，上体右转，左脚收至右脚内侧，成丁步；左手经头前，划弧摆至右肩前，掌心向下，右手向右上方划弧上举，与头同高，掌心向上；眼视右手。

（6）弓步搂推。上体左转，左脚向左前方迈出一步，成左弓步；左手从膝前上方搂过，停于左腿外侧，掌心向下，指尖向前，右手经肩上，向前推出，右臂自然伸直。

左右搂膝拗步的第三组动作如图 8-2-8 所示。

图 8-2-8　左右搂膝拗步第三组动作示意图

5. 手挥琵琶

（1）跟步展臂。右脚向前收拢半步，落于左脚后；右臂稍向前伸展。

（2）虚步合手。上体稍向左回转，左脚稍前移，脚跟着地，成左虚步；两臂屈肘合抱，右手与左肘相对，掌心向左。

手挥琵琶的动作如图8-2-9所示。

图8-2-9　手挥琵琶动作示意图

6.倒卷肱

（1）退步卷肱。上体稍右转，两手翻转向上，右手随转体向后上方划弧，上举至肩上耳侧，左手停于体前；上体稍左转；左脚提起，向后退一步，脚前掌轻轻落地；眼视左手。

（2）虚步推掌。上体继续左转，重心后移，成右虚步；右手推至体前，左手向后、向下划弧，收至左腰侧，手心向上；眼视右手。

倒卷肱的第一组动作如图8-2-10所示。

图8-2-10　倒卷肱第一组动作示意图

（3）退步卷肱。上体稍左转，两手翻转向上，左手随转体向后上方划弧，上举至肩上耳侧，右手停于体前；上体稍后转；右脚提起，向后退一步，脚前掌轻轻落地；眼视右手。

（4）虚步推掌。上体继续右转，重心后移，成左虚步；左手推至体前，右手向后，向下划弧，收至右腰侧，手心向上；眼视左手。

倒卷肱的第二组动作如图8-2-11所示。

图8-2-11　倒卷肱第二组动作示意图

（5）退步卷肱。动作与（1）退步卷肱相同。
（6）虚步推掌。动作与（2）虚步推掌相同。
（7）退步卷肱。动作与（3）退步卷肱相同。
（8）虚步推掌。动作与（4）虚步推掌相同。

7. 左揽雀尾

（1）抱球收脚。上体右转，右手向侧后上方划弧，左手在体前下落，两手呈右抱球状；左脚脚尖点地，成虚步。

（2）弓步绷臂。上体左转，左脚向左前方迈出，成左弓步；两手前后分开，左臂半屈，向体前绷架，右手向下划弧，按于右胯旁，五指向前；眼视左手。

（3）转体摆臂。上体稍向左转，左手向左前方伸出，同时右臂外旋，向上、向前伸至左臂内侧，掌心向上。

（4）转体后捋。上体右转，身体后坐，两手同时向下，经腹前向右后方划弧后捋，右手举于身体侧后方，掌心向外，左臂平屈于胸前，掌心向内；眼视右手。

（5）弓步前挤。重心前移，成左弓步；右手推送左前臂向体前挤出，两臂撑圆。

（6）后坐引手。上体后坐，左脚尖翘起；左手翻转向下，右手经左腕上方向前伸出，掌心转向下，两手左右分开。

（7）弓步前按。重心前移，成左弓步；两手沿弧线推至体前。

左揽雀尾的动作如图 8-2-12 所示。

图 8-2-12 左揽雀尾动作示意图

8. 右揽雀尾

（1）转体分手。重心后移，上体右转，左脚尖内扣；右手划弧右摆，两手平举于身体两侧；头随右手移转。

（2）抱球收脚。左腿屈膝，重心左移，右脚收，成丁步；两手呈左抱球状。

（3）弓步绷臂。上体右转，右脚向右前方迈出，成右弓步；两手前后分开，右臂半屈，向体前绷架，左手向下划弧，按于左胯旁，五指向前；眼视右手。

（4）转体摆臂。上体稍向右转，右手向右前方伸出，同时左臂外旋，向上向前伸至右臂内侧，掌心向上。

（5）转体后捋。上体左转，身体后坐，两手同时向下，经腹前向左后方划弧后捋，左手举于身体侧后方，掌心向外，右臂平屈于胸前，掌心向内；眼视左手。

（6）弓步前挤。重心前移，成右弓步；左手推送右前臂向体前挤出，两臂撑圆。

（7）后坐引手。上体后坐，右脚尖翘起；右手翻转向下，左手经右腕上方向前伸出，掌心转向下，两手左右分开。

（8）弓步前按。重心前移，成右弓步，两手沿弧线推至体前。

右揽雀尾的动作如图 8-2-13 所示。

图 8-2-13　右揽雀尾动作示意图

9. 单鞭

（1）转体运臂。上体左转，左腿屈膝，右脚尖内扣；左手向左划弧，掌心向外，右手向左划弧至左肘前，掌心转向上；视线随左手运转。

（2）勾手收脚。上体右转，右腿屈膝，左脚收，成丁步；右手向上向左划弧，至身体右前方变成勾手，腕高与肩平，左手向下、向右划弧至右肩前，掌心转向内；眼视勾手。

（3）弓步推掌。上体左转，左脚向左前方迈出，成左弓步；左手经面部前方翻掌，向前推出。

单鞭的动作如图 8-2-14 所示。

图 8-2-14　单鞭动作示意图（一）

10. 云手

（1）转体松勾。上体右转，左脚尖内扣；左手向下、向右划弧至右肩前，掌心向内，右勾手松开变掌。

（2）左云收步。上体左转，重心左移，右脚向左脚收拢，两腿屈膝至半蹲，两脚向前，成小开立步；左手经头前向左划弧运转，掌心渐渐向外翻转，右手向下、向左划弧转，掌心渐渐转向内；视线随左手运转。

（3）右云开步。上体右转，重心右转，左脚向左横开一步，脚尖向前；右手经头前向右划弧运转，掌心逐渐由内转向外，左手向下、向右划弧，停于右肩前，掌心渐渐翻转向内；视线随右手运转。

云手的动作如图 8-2-15 所示。

图 8-2-15　云手动作示意图

11. 单鞭

（1）转体勾手。上体右转，重心右移，左脚跟提起；右手向左划弧，至身体右前方变成勾手；左手向下、向右划弧至右肩前，掌心转向内；眼视勾手。

（2）弓步推掌。上体左转，左脚向左前方迈出，成左弓步；左手经面部前方翻掌，向前推进。

单鞭的动作如图 8-2-16 所示。

图 8-2-16　单鞭动作示意图（二）

12. 高探马

（1）跟步翻手。后脚向前收拢半步；右手勾手松开，两手翻转向上，肘关节微屈。

（2）虚步推掌。上体稍右转，重心后移，左脚稍向前移，成左虚步；上体左转，右手经头部侧面向前推出；左臂屈收至腹前，掌心向上。

高探马的动作如图 8-2-17 所示。

图 8-2-17　高探马动作示意图

13. 右蹬脚

（1）穿手上步。上体稍左转，左脚提收，向左前方迈出，脚跟着地；右手稍向后收，左手经右手背上方向前穿出，两手交叉，左掌心斜向上，右掌心斜向下。

（2）分手弓步。重心前移，成左弓步；上体稍右转，两手向两侧划弧分开，掌心皆向外；眼视右手。

（3）抱手收脚。右脚成丁步；两手向腹前划弧相交合抱，举至胸前，右手在外，两掌心皆转向内。

（4）分手蹬脚。两手手心向外撑开，两臂展于身体两侧，肘关节微屈，腕与肩平；左腿支撑，右腿屈膝上提，脚跟用力慢慢向前上方蹬出，脚尖上勾，膝关节伸直，右腿与右臂上下相对；目视右手。

右蹬脚的动作如图 8-2-18 所示。

图 8-2-18　右蹬脚动作示意图

14. 双峰贯耳

（1）屈膝并手。右小腿屈膝回收，左手向体前划弧，与右手并行落于右膝上方，掌心皆翻转向上。

（2）弓步贯掌。右脚下落向右前方上步，成右弓步；两手握拳经两腰侧向上、向前划弧摆至头前，两臂半屈成钳形，两拳相对，同头宽，拳眼斜向下。

双峰贯耳的动作如图 8-2-19 所示。

图 8-2-19　双峰贯耳动作示意图

15. 转身左蹬脚

（1）转体分手。重心后移，左腿屈坐，上体左转，右脚尖内扣；两拳松开，左手向左划弧，两手平举于身体两侧，掌心向外；眼视左手。

（2）抱手收脚。重心右移，右腿屈膝后坐，左脚收至右脚内侧，成丁步；两手向下划弧交叉合抱，举至胸前，左手在外，两手心皆向内。

（3）分手蹬脚。两手手心向外撑开，两臂展于身体两侧，肘关节微屈，腕与肩平；右腿支撑，左腿屈膝上提，脚跟用力慢慢向前上方蹬出，脚尖上勾，膝关节伸直，左腿与左臂上下相对；目视左手。

转身左蹬脚的动作如图 8-2-20 所示。

图 8-2-20　转身左蹬脚动作示意图

16. 左下势独立

（1）收脚勾手。左腿屈收于右小腿内侧；上体右转，右臂稍内合，右手变勾手，左手划弧摆至右肩前，掌心向右；眼视勾手。

（2）仆步穿掌。上体左转，右腿屈膝，左腿向右前方伸出，成左仆步；左手经右肋沿左腿内侧向左穿出，掌心向前，指尖向左；眼视左手。

（3）弓腿起身。重心移向左腿，成左弓步；左手前穿并向上挑起，右勾手内旋，置于身后。

（4）独立挑掌。上体左转，重心前移，右腿屈膝提起，成左独立步；左手下落按于左胯旁，右勾手下落变掌，向体前挑起，掌心向左，略高于眼部，右臂半屈成弧。

左下势独立的动作如图 8-2-21 所示。

图 8-2-21　左下势独立动作示意图

17. 右下势独立

（1）落脚勾手。右脚落于左脚右前方，脚前掌着地，上体左转，左脚以脚掌为轴随之扭转；左手变勾手向上提举于身体左侧，高与肩平，右手划弧摆至左肩前，掌心向左；眼视勾手。

（2）仆步穿掌。上体右转，左腿微屈，右腿向左前方伸出，成右仆步；右手经左肋中腿内侧向右穿出，掌心向前，指尖向右；眼视右手。

（3）弓步起身。重心移向右腿，成右弓步；右手前穿向上挑起，左勾手内旋，置于身后。

（4）独立挑掌。上体右转，重心前移，左腿屈膝提起，成右独立步；右手下落按于右胯旁，左手下落变掌，向体前挑起，掌心向右，略高于眼部，左臂半屈成弧。

右下势独立的动作如图 8-2-22 所示。

图 8-2-22 右下势独立动作示意图

18. 左右穿梭

右穿梭：

（1）落脚抱球。左脚向左前方落步，脚尖外撇，上体左转；两手呈左抱球状。

（2）弓步架推。上体右转，右脚向右前方上步，成右弓步；右手向前上方划弧，翻转上举，架于右额前上方，左手向后下方划弧，经肋前推至体前，高与鼻平；眼视左手。

右穿梭的动作如图 8-2-23 所示。

图 8-2-23 右穿梭动作示意图

左穿梭：

（1）抱球收脚。重心稍后移，右脚尖外撇，左脚收，成丁步；上体右转，两手在右肋前呈抱球状。

（2）弓步架推。上体左转，左脚向左前方上步，成左弓步；左手向前上方划弧，翻转上举，举于左额前上方，右手向后下方划弧，经肋前推至体前，高于鼻平；眼视右手。

左穿梭的动作如图 8-2-24 所示。

图 8-2-24　左穿梭动作示意图

19. 海底针

（1）跟步提手。右脚向前收拢半步，随之重心后移，右腿屈坐；上体右转，右手下落，屈臂提抽至耳侧，掌心向左，指尖向前，左手向右划弧下落至腹前，掌心向下，指尖斜向右。

（2）虚步插掌。上体左转向前俯身，左脚稍前移，成左虚步；右手向前下方斜插，左手从膝前划弧搂过，按至左大腿侧方；眼视右手。

海底针的动作如图 8-2-25 所示。

图 8-2-25　海底针动作示意图

20. 闪通臂

（1）提手收脚。上体右转，恢复正直；右手提至胸前，左手屈臂收举，指尖贴近右腕内侧；左脚收至右脚内侧。

（2）弓步推掌。左脚向前上步，成左弓步；左手推至体前，右手撑于头部侧面上方，掌心斜向上，两手分展；眼视左手。

闪通臂的动作如图 8-2-26 所示。

图 8-2-26　闪通臂动作示意图

21. 转身搬拦捶

（1）转体扣脚。重心后移，右腿屈坐，左脚尖内扣；身体右转，右手摆至体右侧，左手摆至头部左侧，掌心均向外；眼视右手。

（2）坐腿握拳。重心左移，左腿屈坐，右腿自然伸直；右手握拳向下、向左划弧停于左肋前，拳心向下，左手举于左额前；眼向前平视。

（3）踩脚搬拳。右脚提收至左脚内侧，再向前迈出，脚跟着地，脚尖外撇；右拳经胸前向前搬压，拳心向上，高与胸平，肘部微屈，左手经右前臂外侧下落，按于左胯旁；眼视右拳。

（4）转体收拳。上体右转，重心前移，右拳向右划弧至体侧，拳心向下，左臂外旋，向体前划弧，掌心斜向上。

（5）上步拦掌。左脚向前上步，脚跟着地；左掌拦至体前，掌心向右，右拳翻转收至腰间，拳心向上；眼视左掌。

（6）弓步打拳。上体左转，重心前移，成左弓步；右拳向前打出，肘微屈，拳眼向上，左手微收，掌指附于右前臂内侧，掌心向右。

转身搬拦捶的动作如图 8-2-27 所示。

图 8-2-27 转身搬拦捶动作示意图

22.如封似闭

（1）穿手翻掌。左手翻转向上，从右前臂下向前穿出；同时右拳变掌，也翻转向上，两手交叉举于体前。

（2）后坐收掌。重心后移，两臂屈收后引，两手分开收至胸前，与胸同宽，掌心斜相对；眼视前方。

（3）弓步按掌。重心前移，成左弓步；两掌经胸前划弧向前推出，高与肩平，宽与肩同。

如封似闭的动作如图 8-2-28 所示。

图 8-2-28 如封似闭动作示意图

23. 十字手

（1）转体扣脚。上体右转，重心右移，右腿屈坐，左脚尖内扣；右手向右摆至头前，两手心皆向外；眼视右手。

（2）弓腿分手。上体继续右转，右脚尖外撇侧弓，右手继续划弧至身体右侧，两臂侧平举，手心皆向外；眼视右手。

（3）交叉搭手。上体左转，重心左移，左腿屈膝侧弓，右脚尖内扣；两手划弧下落，交叉上举成斜十字形，右手在外，手心皆向内。

（4）收脚合抱。上体转正，右脚提起，收拢半步，两腿慢慢直立；两手交叉合抱于胸前。

十字手的动作如图 8-2-29 所示。

图 8-2-29　十字手动作示意图

24. 收势

①翻掌分手。两臂内旋，两手翻转向下分开，两臂慢慢下落停于身体两侧；眼视前方。

②并脚还原。左脚轻轻收回，恢复成预备姿势。

收势的动作如图 8-2-30 所示。

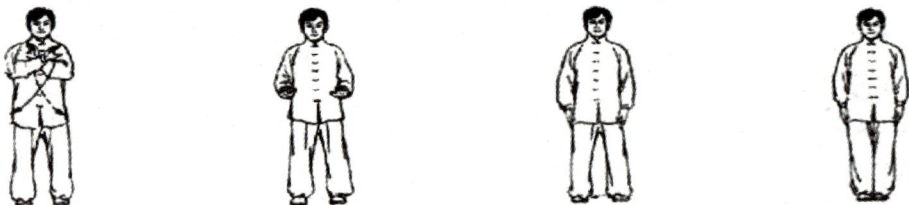

图 8-2-30　收势的动作示意图

第三节　散打

一、散打概述

武术是以技击为主要内容的民族传统体育项目，散打是武术的重要组成部分。散打，又称"散手"，是一项互以对方技击动作为转移的斗智、较技的对抗性竞赛项目。古代称之为"相搏""手搏""卞""白打""拍张""手战""相散手"等。

散打是中华武术的精华，是具有独特中华民族风格的体育项目，多年来在民间流传发展并深受人民喜爱。散打的起源与发展，和中华民族悠久历史同步。

新中国成立之后，武术作为中华民族优秀的民族遗产被继承和发展。1952 年，武术正式被列为推广项目，先以武术套路作为推广的重点，但散打此时仍在民间流传。直到 1979 年 3 月，随着"武术热"的兴起，为了全面继承和发展武术这一民族瑰宝，同时丰富武术运动的攻防内涵，国家体委（现国家体育总局）在大量调研的基础上，开始正式启动了散打项目的试点训练工作。1982 年 1 月，《武术散打竞赛规则》完成，同年在北京举行了全国武术散打邀请赛。随着散打运动的不断完善和发展，1987 年，散打比赛采取了具有民族特色的擂台竞赛形式；1989 年，散打被列为全国运动会正式体育比赛项目；1990 年，武术散打和套路同被列为亚运会正式比赛项目。

二、散打的技法与特点

（一）散打的主要技法

1. 拳法

拳法主要由直拳、摆拳、勾拳、鞭拳等组成。

2. 腿法

腿法主要由正蹬腿、侧踹腿、鞭腿、后摆腿等组成。

3. 摔法

摔法主要由快摔动作组成，如夹颈背过背、抱腿过胸、抱腿前顶、接腿勾踢等。

4. 组合

组合包括拳法组合、腿法组合、摔法组合三类，各种组合也可相互搭配，如"拳腿组合""拳摔组合"等。

（二）散打运动特点

散打具有民族性、体育性和对抗性三个主要特点。其民族性表现为散打是中华民族的优秀文化遗产，是在中国特定的历史条件下逐步演变形成的。散打不同于以拳为主的拳击，也不同于以腿为主的跆拳道，同样不同于以膝击、肘击为主的泰拳，它有自己的技术和特点。其体育性和对抗性表现为散打有一套完备的规则体系，比如不允许用反关节的擒拿动作和能使人致死的击打要害部位的动作等。散打还强调对抗的技术性，通过技术来交流技艺。

三、散打基本技术

此处讲解的散打基本技术，均以左势为例。

（一）散打预备姿势

散打预备姿势是进入对抗前的准备姿势。它不仅能使身体处于强有力的状态，而且有助于发挥出最佳的快速反应能力，利于快速发起进攻和防守，并且暴露面小，能有效地保护自己的要害部位。

散打预备姿势又被称为"抱架"，左脚在前被称为"正架"，因大多数人是右侧肢体有力，有力的一侧肢体要放在后面，所以一般散打运动员准备时都成"正架"，"正架"动作如图 8-3-1 所示。右脚在前的散打预备姿势被称为"反架"。

图 8-3-1 "正架"动作

摆出"正架"时，两脚自然开立，略比肩宽，两膝微屈，右脚后撤，身体随之右转，重心在两脚的前脚掌上，右脚跟稍稍踮起。松胸、溜臀、收下颌，前手轻握拳，屈臂抬起，拳与下颌同高，屈臂抬起，前臂大小臂间夹角小于 60 度，后手轻握拳，自然置于下颌外侧处，肘部下垂、轻贴在右肋部。

（二）散打的步法

步法是散打技术运用的基础，是构成单体技术的基本要素，"有招必有步"和"步动招随，招起步进"就是这个意思。散打步法的总体要求是"快""灵""变"。"快"是指步法移动要迅速；"灵"是指步法移动要轻灵、有弹性、不僵硬；"变"是指步法在运用中能随机应变，转换自如。

1.滑步

滑步分为前滑步和后滑步，主要用于调整与对手间的距离，以便使用进攻和防守动作。

（1）前滑步。前滑步又称进步。使用前滑步时，后脚掌蹬地，前脚稍离地向前滑出半步，后脚随之跟进相同距离，身体重心保持在两脚之间，整个动作完成后仍为原来的姿势。前滑步的步法如图 8-3-2 所示，虚线位置表示移动前的位置，实线位置表示移动后的位置，其他步法示意图同理。

图 8-3-2 前滑步步法示意图

（2）后滑步。后滑步又称退步。使用后滑步时，前脚掌蹬地，后脚稍离地向后滑出半步，前脚随之后退相同距离，身体重心保持在两脚之间，整个动作完成后仍为原来的姿势。后滑步的步法如图 8-3-3 所示。

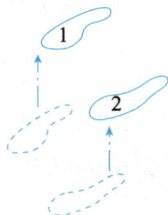

图 8-3-3　后滑步步法示意图

2. 闪步

闪步分为左闪步和右闪步，主要用于躲闪对方的正面进攻，并有利于自己发起迅速反击。

（1）左闪步。从预备姿势开始，前脚向左侧迅蹬出 20 ～ 30 厘米，紧接着后脚以前脚为轴迅速向左滑动，身体转动角度为 45 ～ 90 度，左滑步后仍大致成预备姿势。左闪步的步法如图 8-3-4。

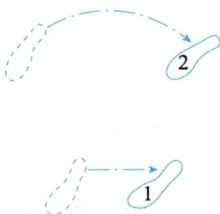

图 8-3-4　左闪步步法示意图

（2）右闪步。从预备姿势开始，后脚向右方横向蹬出 20 ～ 30 厘米，随后部带动前脚以后腿为轴向右侧滑动，身体转动角度为 60 ～ 90 度，动作完成后成仍大致成预备姿势。右闪步步法如图 8-3-5 所示。

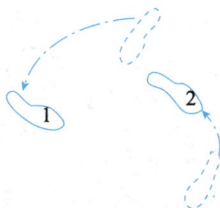

图 8-3-5　右闪步步法示意图

3. 纵步

纵步分为前纵步和后纵步，分别用于与对手距离较远时迅速接近对方和迅速摆脱对方。以讲解前纵步动作为例，从预备姿势开始，两脚同时蹬地向前纵出，动作过程中始保持预备姿势。前纵步的步法如图 8-3-6 所示。

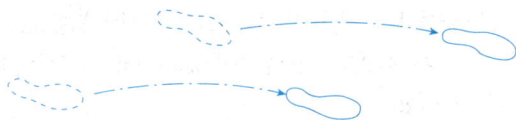

图 8-3-6　前纵步步法示意图

4. 垫步

使用垫步时，从预备姿势开始，重心前移，后脚蹬地向前脚内侧并拢，随即前腿屈膝提起，根据情况使用蹬、踹腿法，在用腿法的同时，支撑腿随使用蹬、踹动作的腿可向前再垫出一步。

5. 击步

击步分为向前击步和向后击步。

（1）向前击步。使用向前击步时，从预备姿势开始，重心前移，后脚蹬地向前脚内侧迅速靠拢，在后脚着地的同时，前脚向前方迅速跃出，着地后两脚成预备姿势步型。向前击步的步法如图 8-3-7 所示。

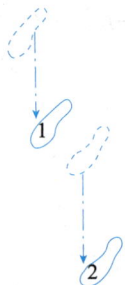

图 8-3-7　向前击步步法示意图

（2）向后击步。使用向后击上时，从预备姿势开始，重心后移，前脚蹬地向后脚内侧迅速靠拢，在前脚着地的同时，后脚向后方迅速跃出，着地后两脚成预备姿势步行。向后击步的步法如图 8-3-8 所示。

图 8-3-8　向后击步步法示意图

6. 交换步

使用交换步时，从预备姿势开始，前脚和后脚同时蹬地，稍离地面，在空中左右腿前后交替，转体约 120 度，同时两臂也做前后体位的交换，完成动作后成与原来相反的预备姿势。交换步的步法如图 8-3-9 所示。在运用交换步时，要以髋部力量带动两腿快速交换位置，注意身体不能腾空过高。

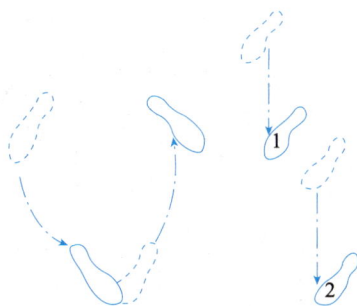

图 8-3-9 交换步步法示意图

（三）散打的拳法

1. 直拳

使用直拳时，从预备姿势开始，左脚微蹬地，身体重心稍向前移动，同时转腰送肩，前手拳内旋向前，直线出拳，力达拳面，后手拳自然护于下颌前。发拳时，不可有前后拉臂、沉肘的预动，也不可有手臂和背部肌肉的紧张动作，手臂在出拳瞬间应明显感到肩部有向前的推力。直拳动作如图 8-3-10 所示。

图 8-3-10 直拳动作

2. 摆拳

使用摆拳时，从预备姿势开始，左脚蹬地，身体重心稍向前移动，转髋转腰带动肩部，同时前手拳向斜前方出拳，随即前臂内旋，弧形出击，力达拳面，大臂与小臂间的夹角约为 130 度，后手拳自然护于下颌前，手臂在出拳瞬间应明显感到肩部传来的横向力量。摆拳动作如图 8-3-11 所示。

3. 勾拳

使用勾拳时，从预备姿势开始，上体稍向左侧倾，重心略下沉，前手拳收到下颌处，随即前脚蹬地，挺腹髋，先沉肩，随即向前送肩，前手拳内旋由下方向前上方勾击，手臂弯曲，力达拳面，大臂与小臂间的夹角不得小于 90 度，后手拳自然护于下颌前，手臂在出拳瞬间应明显感到肩部有向前上的推力。勾拳动作如图 8-3-12 所示。

图 8-3-11 摆拳动作

图 8-3-12 勾拳动作

（四）散打拳法的辅助性练习

拳法的辅助性练习是指根据专项技术所需的协调性要求，有针对地进行的辅助性的练习，以保证尽快准确地掌握专项技术。拳法的辅助性练习有以下几种。

1. 压肩练习

压肩练习时，两脚开步站立，两臂屈臂置于胸前，握拳，随后右脚蹬地，左脚间前迈出，由腰部带动右肩向左转动，同时右拳直线击出。动作不停，右脚向前迈出，收右拳，由腰部带动左肩向右转动，同时左拳直线击出。连续不停地配合交叉步击出直线拳。在出拳时，腰要尽可能转动，两肩要有向前压的意识。这是对直拳动作的整体协调练习。

2. 转髋摆臂练习

转髋摆臂练习时，两脚开步站立，两臂自然抬起，向内弯曲与肩同高，成合抱状。髋关节转向左、右反复做平面摆转，自然带动两臂做左、右平行摆动。在摆动过程中，身体始终成预备姿势，后手拳自然护于下颌前。这是对摆拳动作和发力的基本辅助练习。

3. 摇"8"字练习

摇"8"字练习时，两手轻握拳，收于下颌处，上体以腰为轴左右摇动，同时送肩出勾拳，肩部成横"8"字，连贯练习。这是对勾拳动作和发力的基本辅助练习。

（五）散打的腿法

散打的腿法在实战中有举足轻重的作用，机动灵活，变化多端，攻击力强，是中距离直接击打对手头部、躯干和下肢的主要的得分手段，还可以重创对手，取得优势。

1. 正蹬腿

（1）前正蹬腿

前正蹬腿时，从预备姿势开始，重心微后移，后腿膝关节微屈，上体微后坐，保持平衡，前腿屈膝提起，脚尖勾起。随即送髋，膝盖下压，用髋部带动大腿和小腿向正前方蹬出，力达脚跟。前手拳顺势摆动，后手拳自然护于下颌前。前正蹬腿动作如图 8-3-13 所示。

图 8-3-13 前正蹬腿动作

（2）后正蹬腿

后正蹬腿时，重心向前移动的同时，后腿屈腿提膝，随即上体稍左转，向前送髋，膝盖下压，髋部带动大腿和小腿向正前方蹬出，力达脚跟。膝关节尽量上提，出腿时，送髋要及时，切忌力往下走，上体不要后仰得太多，以免减少打击力。后正蹬腿动作如图 8-3-14 所示。

图 8-3-14 后正蹬腿动作

2. 侧踹腿

侧踹腿分为左侧踹腿和右侧踹腿。此处以左侧踹腿为例讲解，从预备姿势开始，重心微微后移，上体稍后转，同时左腿屈膝提起，脚尖勾起微向外翻出。小腿外摆，迅速由屈到伸向前踹出，力量集中在全脚掌，此时前手拳放于踹出腿的大腿上方，后手拳置于腮前方。在侧踹过程中提膝、展髋、踹击的动作要快速连贯，攻击对方头部或胸部时，应注意保持身体的平稳。左侧踹腿动作如图8-3-15所示。

图 8-3-15　左侧踹腿动作

3. 转身摆腿

转身摆腿时，从预备姿势开始，重心向前移动，前臂收回，前脚脚尖内扣，以前脚掌为轴，后腿蹬地，向右转身，转体后回头向前看，随即展髋，用髋关节带动大腿和小腿由下往上、由后往前横摆，脚背绷紧，力达脚掌和脚跟。摆踢腿至中心线后，由上往下、由前往后收腿，身体继续旋转至开始时的位置。摆腿时，前手拳顺势摆动，后手拳自然护于下颌前。转身摆腿动作如图8-3-16所示。

图 8-3-16　转身摆腿动作

4. 鞭腿

（1）前鞭腿

使用前鞭腿时，以预备姿势开始，重心稍后移，前腿屈膝提起，膝关节对着正前方。支撑腿以前脚掌为轴微向右转，上体随之转动的同时向右后侧仰，同时转髋，用髋关节带动大腿转动，随之以膝关节为支点将小腿弹出，紧绷脚背，力达脚背。出前鞭腿时，前手拳顺势摆动，后手拳自然护于下颌前。前鞭腿运作如图 8-3-17 所示。

图 8-3-17　前鞭腿动作

（2）后鞭腿

使用后鞭腿时，以预备姿势开始，上体向左侧倾，重心前移，右腿提膝，膝关节内扣，大腿和小腿自然折叠，绷紧脚背，随即上体左转 180 度，转髋，后腿由屈到伸，用大腿带动小腿向左前方横向弹出，力达脚背，左腿直立或稍屈作为支撑。出后鞭腿时，后手拳顺势摆动，前手拳回收自然护于下颌前。后鞭腿动作如图 8-3-18 所示。

图 8-3-18　后鞭腿动作

（六）散打的基本摔法

散打中的摔法有别于其他项目中的摔法，有三个特点。特点一是摔法快，特点二是几乎无"把"可抓，特点三是摔法可与拳法、腿法并用。成功的摔法不仅是得分的有效手段，还能给对手造成很大的精神压力，同时又能消耗对手的大量体能，所以摔法是必须认真掌握的技术。散打摔法大致分为主动摔法和被动摔法两类。

1. 主动摔法

主动摔法是指在散打对抗中主动用摔法进攻的技术。主动摔法根据"把位"可大致分为夹颈摔、抱腰摔和抱腿摔三种，这三种摔法又可分为多种具体的摔法。

2. 被动摔法

被动摔法是指在散打对抗中防守对方进攻的同时，运用合理的摔法使对方倒地的防守技术。接腿摔是常见的被动摔法之一，是在接对方鞭腿、侧踹腿等不同腿法后，用"别腿""涮腿""勾踢"等动作将对方摔倒的摔法。

四、散打防守技术

准确巧妙的防守，不但能保护自己，而且能为反击创造有利条件。下面将介绍几种常见的散打防守技术。

（一）拍挡防守

以预备姿势开始，当对方用前直拳或后直拳进攻时，应身体微转闪躲，顺势用同侧手臂向内侧横拍，使对方直拳改变发力方向，从而化解对方进攻。

（二）拍压防守

以预备姿势开始，当对方用前勾拳或后勾拳进攻时，应迅速用手臂自上而下拍压，将对方的勾拳压住。拍压时，注意手臂紧绷，并且用同侧手臂拍压对方勾拳。

（三）提膝防守

以预备姿势开始，当对方用中鞭腿和低鞭腿进攻时，应前腿屈膝，后腿支撑，上体姿势不变，重心后移，使对方鞭腿击中己方的膝部。

（四）阻击防守

以预备姿势开始，当对方上步进攻时，应出使用正蹬腿或侧踹腿阻截对方的进攻。

（五）后闪防守

以预备姿势开始，当对方进攻己方头部时，应重心后移，上体略后仰闪躲，以快速的移位使对方的进攻落空。

（六）侧闪防守

以预备姿势开始，当对方用前直拳或后直拳进攻时，应使用左闪步或右闪步防守。

（七）下潜防守

以预备姿势开始，当对方上步、用拳法进攻时，应迅速屈膝，降低重心，同时低头缩颈向下闪躲，并用两手护头。

参考文献

[1] 梁源 . 大学体育与健康 [M]. 北京：清华大学出版社，2014.

[2] 殷和江，朱玉群，孙长明 . 大学体育与健康 [M]. 成都：西南交通大学出版社，2013.

[3] 吴景全 . 大学体育与健康 [M]. 北京：中国农业大学出版社，2013.

[4] 景建中 . 大学体育与健康 [M]. 南京：南京大学出版社，2015.

[5] 代永胜，王湛卿 . 大学生体育与健康 [M]. 北京：机械工业出版社，2014.

[6] 姚鑫 . 大学体育与健康教程 [M]. 北京：北京师范大学出版社，2009.

[7] 项建民，吴亦丰，戴德翔 . 大学生体育与健康教育 [M]. 北京：北京师范大学出版社，2010.

[8] 罗燕，缪猛剑 . 大学生体育与健康 [M]. 北京：电子工业出版社，2020.